西班牙,
再發現

【疫後最新修訂版】

España con Guía Oficial
跟著中文官方導遊深度行

王儷瑾／著

西班牙，再發現【疫後最新修訂版】
——跟著中文官方導遊深度行

作　　　者	王儷瑾
執 行 長	陳蕙慧
總 編 輯	曹　慧
主　　編	曹　慧
美 術 設 計	比比司設計工作室
行 銷 企 畫	陳雅雯、林芳如
出　　　版	奇光出版／遠足文化事業股份有限公司
	E-mail: lumieres@bookrep.com.tw
	粉絲團：https://www.facebook.com/lumierespublishing
發　　　行	遠足文化事業股份有限公司（讀書共和國出版集團）
	http://www.bookrep.com.tw
	23141新北市新店區民權路108-2號9樓
	電話：（02）2218-1417
	郵撥帳號：19504465　戶名：遠足文化事業股份有限公司
法 律 顧 問	華洋法律事務所　蘇文生律師
印　　製	成陽印刷股份有限公司
二 版 一 刷	2023年7月
定　　價	420元
Ｉ Ｓ Ｂ Ｎ	978-626-7221-26-6　書號：1LBT4014
	978-626-7221273（EPUB）
	9786267221280（PDF）

國家圖書館出版品預行編目（CIP）資料

西班牙，再發現：跟著中文官方導遊深度行＝España con
Guía Oficial／王儷瑾著. – 二版. – 新北市：奇光出版，遠
足文化事業股份有限公司, 2023.07
　　面；　公分
ISBN 978-626-7221-26-6（平裝）

1.CST：旅遊　2.CST：西班牙

746.19　112005280

線上讀者回函

2023年新版序

自從我於2007年考上官方導遊執照之後，就成為遊客和西班牙之間的橋樑，並透過臉書和部落格向大家分享西班牙的一切。認識主編曹慧之後，我在2013年出了《巴塞隆納，不只高第》的初版，接著在2015年出了第二本書《西班牙，再發現》的初版，2018年出了《巴塞隆納，不只高第》的二版，2020年再出了第三本書《西班牙，不只海鮮飯》，以官方持照導遊的專業身分寫西班牙旅遊。因為我堅信，旅遊不只是玩玩、拍拍照而已，在每個景點的背後，有它的歷史故事，有它的民俗風情，有它的文化背景。

當初寫《西班牙，再發現》時，鑒於網路資訊發達，上自西班牙國家旅遊局，下至各個大城小鎮的旅遊局以及各地的大小景點，都有官方網站，大家可以輕易查到西班牙各地的旅遊資源、景點資訊，甚至景點門票價錢、開放時間、如何抵達、附近餐廳、行程規畫等，因此認為實在沒必要寫一些年年變更、網路上可以查到的資料，例如景點門票價錢、開放時間等。所以，我以一年四季、歷史與傳奇、另類之旅、世界遺產為軸線，寫出一本關於西班牙歷史文化旅遊的書。出書前深受西班牙各地旅遊局以及朋友的幫助，上市後馬上進入博客來新書榜旅遊類前二十名，上市半年之後還在博客來暢銷榜上，2016年還榮獲文化部「第38次中小學生優良課外讀物推介評選活動」的人文社會類獲選書籍。

疫情後，西班牙的旅遊業重新開始，導遊也開始更新以前出的幾本書。今年二月出版的《巴塞隆納，不只高第》【疫後最新增訂版】變動最大，許多餐廳商店因疫情的影響而關門熄燈。相對來說，《西班牙，再發現》的資訊並沒有受到疫情影響，但是出版8年後，還是需要更新一小部分內容，在新版中增補了這幾年

新增的世界遺產和非物質文化遺產，添加幾個節慶和一個傳奇故事，以及西班牙人熱情友善的實例。

我從1989年就長住西班牙（不是常駐，也不是常住，是長住），是西班牙濃厚人情的受益人，曾經遇到太多不知名、不記得面貌的人，在我需要幫助的時候伸出援手，讓我感受西班牙的熱情。

每次很糗的在路上跌倒，總有人跑過來扶我起來。最慘的一次是為了趕公車，在站牌前狠狠跌一跤，痛到爬不起來，旁邊的路人馬上來問我是否跌傷，是不是要叫救護車。扶我起來之後，我發現，公車竟然還停在站牌處，司機在等我上車。我一拐一拐地上車之後，車上馬上有人讓位給我。

又有一次我帶團時扭傷腳，趕緊趁團員自由活動時找餐廳要冰塊冰敷。有位服務生很好心地給我一包冰塊，讓我坐著冰敷。我坐在那裡覺得不好意思，點了一杯咖啡，離開前想結帳，服務生卻說：「妳今天運氣不好，扭到腳，就讓我請妳一杯咖啡吧！」

我印象最深刻的「西班牙熱情親身體驗」是在La Rioja的一家餐廳。La Rioja是西班牙非常著名的產酒區，而對我來說，當地居民的熱情就像當地盛產的葡萄酒一樣棒！那一次我帶團到La Rioja參觀酒莊、品酒，一整個早上喝了很多酒，因此吃午餐時決定不點酒。想不到，隔壁桌的當地人看到我們沒有點酒，非常不滿意，趕緊過來跟我們說：你們大老遠到我們La Rioja這個產酒區，一定要試試這邊的酒呀！我們很客氣的說，因為早上參觀酒莊時已喝了不少酒，所以中午就不喝酒了。出乎意料地，等到我們的菜上來之後，服務生拿了一瓶酒來，跟我們說：這是隔壁桌的當地人送的La Rioja產區的酒，他們堅持你們一定要試試當地的葡萄酒。從此以後我就知道：到西班牙的產酒區吃飯，如果沒有點一瓶酒，隔壁桌的當地人就會很熱情地送一瓶請客。

　　相較於我的親身經歷，在西班牙媒體上也可以看到不少令人感動的實例。令我印象最深刻的是2019年1月救援幼童Julen的故事，以及疫情期間令人難忘的熱心善意。事實上，西班牙是靠每一個熱心熱情的人撐過疫情的。

　　對我來說，《西班牙，再發現》書中不只有著名的觀光城鎮，還有各地的傳奇故事、不同的節慶、每個季節的特殊美食、世界遺產、非物質文化遺產等。而最重要的，則是這個國家熱情友善的人民。

　　或許，這就是為什麼西班牙就算有再多的小偷扒手，觀光客還是前仆後繼、一再重遊西班牙的原因。因為，路上問路，總會有路人熱心帶你去，路上跌倒，總會有路人熱心扶你起來。因為，西班牙人的熱心關懷跟她的陽光一樣，暖暖的。

Contents

塞維亞主教座堂，攝影：楊婉鈴。

CHAPTER 1

西班牙熱情洋溢

從日常生活的小人物說起

通常，許多人的西班牙之旅有「之前」和「之後」。
之前最擔心的就是治安問題，但是之後最想做的就是再玩一趟，
因為西班牙除了有各種文化在此留下的遺產、具有特色的大城小鎮、
符合東方口味的美食、全民參與熱鬧異常的各個節慶之外，
還有濃濃的人情味和樂於助人的人們，
讓大家印象深刻，永難忘懷。

塞哥維亞的主廣場，照片提供：塞哥維亞旅遊局（Imagen cedida por Turismo de Segovia）。

1-1

HTC前執行長的
世界手機大會插曲

↑　世界手機大會會場。

　　巴塞隆納從2006年開始舉辦「世界手機大會」（Mobile World Congress，簡稱MWC），並在2011年跟大會簽約獲得主辦權直到2018年，因此又有「世界手機之都」（Mobile World Capital）的封號！

　　世界手機大會是規模數一數二的國際電信展，每年參觀的訪客超過七萬名，不但替巴塞隆納帶來好幾億歐元的收入，更把會議產業提升為巴塞隆納的重要產業，其中更有不少搭私人飛機的超級VIP，機場在大會期間則有上百架私人飛機的起降。

　　在2014年，世界手機大會的與會人數是破紀錄的八萬五千人，替巴塞隆納帶來三億五千歐元的收入。但是，除了這些數據之外，還有一則溫馨的新聞：「HTC搜尋熱心載執行長一程的騎士」。

　　話說世界手機大會第一天，2月24日，巴塞隆納大塞車，時任HTC執行長的周永明塞在前往世界手機大會的車陣中動彈不得。眼看無法趕到會場，周永明請計程車司機按喇叭攔下一輛本田機車，懇請騎乘這輛車的不知名騎士載他一程，而這位熱心的西班牙騎士二話不說，拿出另一頂安全帽給周永明，載著他直奔會場，讓他能及時趕到會場領取「年度最佳手機獎」。在抵達會場之後，這位騎士還婉拒了周永明提供的報酬。

　　世界手機大會結束之後，HTC透過網路和媒體尋找這位分文不取的熱心騎士。一星期後，終於找到他了。周永明為了感謝這位騎士熱心助人的善舉，便邀請他參加HTC於3月25日在倫敦舉辦的年度重要活動，讓這樁世界手機大會插曲有個完美的結局。〜

1-2

路上的陌生人

　　西班牙人的英文不好，但是，他們的熱心足以補足他們的語言能力。只要看到有人需要幫助，西班牙人大都會熱情地伸出援手。

　　在西班牙迷路沒關係，只要問路，就可以解決，更可以感受到西班牙人的熱情。就算是不會西班牙語，只要有地址，一定會有好心的路人幫忙，往往直接帶外地人到他們要去的地方。如果問到的路人不熟悉那附近的街道，他還會幫忙攔下其他路人詢問，或是拜託別的路人帶路。

　　如果有人很糗地當街跌倒，立刻就會有路人把他攙扶起來，問道：「你還好嗎？」甚至會送他到醫院。

　　路上的醉漢從人行道跌到馬路中央，行經附近的車輛會停下車，大家合力把醉漢攙扶到人行道上，讓他坐下來，駕駛們才安心離開。

　　曾有朋友在逛街時跌倒扭到腳，找家咖啡廳坐下來，咖啡廳的服務生一聽到有人跌倒，馬上拿一包冰塊讓他冰敷。他不好意思地點了一杯咖啡，結帳時，服務生還說：「你今天運氣不好跌傷了，我請你喝杯咖啡，讓你心情好一點！」 ❧

←　　觀光客跟路人問路。

1-3

米拉之家的住戶

↓　　阿瑪特先生在他位於米拉之家的居所。

有時候，西班牙人的熱情也會讓自己人很驚訝！

2014年6月，《商業周刊》的品味書alive要以巴塞隆納為主題，商周記者請我安排幾個巴塞隆納的當地名人接受採訪。

在一堆受訪名人當中，有一位是費南多・阿瑪特（Fernando Amat）先生。他是巴塞隆納最有名的居家設計產品專賣店Vinçon的老闆，也是知名建築師和設計師，還擔任許多設計大獎的評審，而西班牙知名皮鞋品牌Camper在巴塞隆納開的旅館Hotel Casa Camper就是他設計的。

阿瑪特先生的採訪是透過Camper公關安排的。那一天，商周的記者、攝影師、Camper的公關和我在Vinçon店裡採訪阿瑪特先生，我們五個人圍著Vinçon二樓廚具區的一張橡木餐桌坐下來，商周的記者透過我的翻譯，問了不少關於西班牙人家居生活設計的問題。

接著，商周的記者問道：「這幾天天氣很好，我看到很多人坐在家裡的陽台上一邊享受春天的陽光，一邊喝咖啡，看書，看街景。請問阿瑪特先生可不可以說一下西班牙人在生活中是怎樣利用陽台的？」

出乎我的意料，阿瑪特先生竟說：「我不覺得西班牙人把陽台當成居家生活的一部分。我們家有兩個大陽台，但是，除了放幾盆花之外，我們從不到陽台去！」

我把阿瑪特先生的回答翻譯成中文之後，實在忍不住，沒等商周記者繼續問下去，我自己先用西班牙語問：「請問您住哪裡？我知道不少住在巴塞隆納高級住宅區Pedralbes的人不習慣在陽台上用餐，曬太陽，但是，大部分巴塞隆納人會把家裡的生活空間延伸到陽台上。」

接下來，阿瑪特先生的回答讓我們大家目瞪口呆，他說：「我家就在隔壁，在米拉之家裡面！」

真是踏破鐵鞋無覓處，得來全不費工夫。採訪前，我們到處問不到誰住在米拉之家，結果，米拉之家的住戶竟在我們眼前。

於是，我們小心翼翼，很禮貌地探詢：「是不是可以到您家看看？」

我知道，注重隱私的西方人不太可能同意這種臨時提議，尤其是重視家居整潔的西班牙人。除非事先通知，讓人有時間把家裡收拾得乾乾淨淨，不然，一般西班牙人是不輕易讓外人去他家「參觀」的。

Camper的公關是位年輕小姐，早聽說阿瑪特先生個性內向，不喜對外宣揚自己住所，對外人相當保守，很害怕我們的問題讓阿瑪特先生為難，趕緊打圓場說：「您如果不答應也沒關係，這不在我們的採訪範圍裡，我們不希望為難您……」

誰知道，阿瑪特先生竟然說：「我打電話回家問問看。」

就這樣，他拿起手機，跟家人問了一下，然後回答我們：「我們等個十幾、二十分鐘就可以進去了！」

1-3

米拉之家的住戶

　　Camper的公關驚訝得目瞪口呆，不知道為什麼傳說中對外人相當保守的阿瑪特先生竟對我們這麼熱情。

　　因為還要等十幾、二十分鐘，商周的記者繼續問問題⋯⋯

　　其中問到阿瑪特先生的旅遊和他最愛的紀念品，他說，他不喜歡傳統的紀念品，所以會帶一些當地特別的東西回來，例如一張地鐵票、一份當地報紙，甚至是在當地撿到的東西，像是從沙哈拉沙漠帶回來一隻被遺棄在沙漠中的古鞋。

　　說到這裡，他站起來說：「來，我們去我家，我拿給你們看！」

　　就這樣，阿瑪特先生的熱情讓我們進到米拉之家的民宅裡，看到住在米拉之家的居民生活。而阿瑪特先生的熱情，連同樣是西班牙人的Camper公關都驚訝不已！

　　後來，我們去畢卡索美術館採訪。畢卡索美術館的公關趁著攝影師在拍照時跟我閒聊，當他知道我們進到阿瑪特先生的家裡時，也是異常驚訝。西班牙的藝文設計界都知道阿瑪特先生住在米拉之家裡面，也都知道他從不讓人到他家拍照參觀，所以沒人知道他家是什麼樣子；唯一知道的是，他家的牆壁是暗藍色，因為很久以前他曾讓一家雜誌進他家拍照，那時候他家的牆壁是罕見的暗藍色。

　　但是，因為我們進去他家過，所以我們知道，他為了愛妻，早把牆壁粉刷成純白色啦！ ✍

1　2　|　　1　　從Vinçon的二樓可以看到米拉之家的另一面。
　　　　　　2　　Vinçon 店門口。

1-4
桂爾公園的義工
朱利·貝納特先生

　　貝納特（Juli Bernat）先生七十幾年來一直住在桂爾公園（Parc Güell）旁邊，從小就在公園玩到大。他認識公園裡的每一塊石頭、每一株植物，認識高第的每一片碎瓷磚馬賽克、每一個造型。退休後，天天到公園散步，看到觀光客越來越多，破壞力越來越大，就乾脆當起「義工管理員」來了，只要看到有人破壞公園的東西，就用長者的身分教訓一番。後來市政府知道後，真的「請」他當義工，警察先生還給他一頂警察帽，讓他戴警察帽管理公園脆弱的馬賽克。

　　桂爾公園有高第特有的彩色碎瓷磚拼貼的馬賽克，叫做Trencadis，這種馬賽克其實很脆弱，會被鞋子上的沙子磨壞它的表面，因此每年巴塞隆納市政府都要花一大筆錢定期維修公園的馬賽克。桂爾公園是世界遺產，但是，許多遊客一進公園就好像進到遊樂園一樣，把高第的馬賽克直接踩在腳下，完全沒有想到這是世界遺產，需要好好保護。

　　而貝納特先生就是公園的守護者，不論寒暑都會在公園看到他微微駝背的身影。公園的園丁、公園咖啡廳的工作人員、巡邏公園的警察、帶團去公園的導遊等，人人都認識他。

　　貝納特先生對有禮貌、尊重高第作品的遊客很熱心親切，但是只要有人膽敢把腳踩到彩色碎瓷磚拼貼而成的蠑螈、座椅上，他可是不假辭色。

　　後來，桂爾公園的觀光客越來越多，貝納特先生年紀越來越大，而且，公園一天開放十幾個小時，他中午要回家吃飯，也無法每天從早到晚地管理公園。

　　2011年夏日的某一天下午三點多，我帶團參觀桂爾公園，一到蝮蜒的前面，發現貝納特先生還沒回到公園，一群十幾、二十歲的青少年竟全部爬到蝮蜒上面、站在蝮蜒上準備拍團體照，我一看情況不對，趁團員自由照相時，問身邊一位日文官方導遊可否幫忙。於是我們兩個東方小女子遂動手把十來個西方青少年從蝮蜒身上拉下來、趕下來。我因此認識了這個日文官方導遊Akiko！

　　2012年秋天，巴塞隆納市政府宣布把公園改成收門票的制度。2013年夏天，我帶團到公園參觀，一連好幾個星期都沒看到貝納特先生，有點掛念，不知道他是去度假了還是體力不佳，問了公園咖啡廳的工作人員才知道，他開刀去了。

　　2013年夏末，我看到他開刀回來，氣色虛弱但是笑容滿面，趕緊向他問好。後來又在公園遇到他幾次，接著，桂爾公園在2013年10月25日開始收費，就很少看到貝納特先生的蹤影了。

　　2014年初，跟公園咖啡廳的工作人員閒聊，聊到貝納特先生，才知道他已於2013年冬天去世了，但是，我們對他的感激與懷念將跟公園一樣恆久。🪶

1　│　2　3

1　朱利·貝納特先生。
2　市政府定期維修桂爾公園。
3　桂爾公園的Trencadís。

1-5
熱心助人的
瑪·蘇比拉納先生

我是因為帶團而認識瑪·蘇比拉納（Juan Subirana）先生的。

2009年1月，我連著幾天幫一家西班牙公司接待幾個從中國來的客戶，其中一天帶他們去巴塞隆納西北方的蒙瑟拉特山（Montserrat）走走。這座山以它近千年歷史的蒙瑟拉特修道院（Monestir de Montserrat）及其特異的山勢著名，通常有公路可以直接上山，也可以搭齒軌登山火車或纜車上山，但是2008年底的大雨造成山崩，因此唯一上山的途徑就只剩下纜車了。

我們一行人搭纜車上山，到了山上，天氣很好，比我猜測的還溫暖。當這些客人忙著照相時，我看到幾隻貓在山上的自助餐館兼咖啡廳前曬太陽，其中一隻一看到我就趕緊跑過來喵喵叫，還躺下來肚皮朝天，要我摸摸肚皮！

正當我撫摸貓咪的肚皮時，突然發現牠的左前腳受傷，不知是被大狗咬到還是捕獸夾夾到，傷口還沒癒合，雖不是鮮血淋漓，卻有發炎紅腫的跡象。

當時，我趁著客人購買紀念品的自由活動時間，抱著受傷的貓兒，想辦法找人幫忙救貓。

在蒙瑟拉特山上常有一些販賣農產品的攤位，賣些附近農民自製的乳酪、採製的蜂蜜、自種的蔬果等，我問了幾個攤位，是否有人可以幫忙代管受傷的貓咪，直到動保朋友上山帶貓去獸醫診所。

幾個攤位中，只有一個攤位主人蘇比拉納先生願意幫忙，找了一個木箱子代替外出提籠裝貓。一切圓滿解決之後，我繼續陪著客人到處逛，兩位動保朋友從巴塞隆納開車來接貓。現在，這隻貓咪已從中途之家到領養媽媽家，不再飽受風寒雪雨飢餓了。

從此之後，我只要帶團上蒙
瑟拉特山，一定跟蘇比拉納先
生購買乳酪、蜂蜜、蔬果等，
一來是感激他在我孤助無援的
時候伸出援手，二來我相信對
動物有愛心的人，對人就較誠
信老實，所以我認為，蘇比拉
納先生是個有信譽的商人，賣
的一定也是最好的東西。

幾年後，蘇比拉納先生娶了
來自中國東北的老婆，現在兩
人都在蒙瑟拉特山擺攤子，販
賣農產品，客人看到我都跟蘇
比拉納先生購買乳酪、蜂蜜、
蔬果，也跟著我買，而蘇比拉
納先生的中國老婆剛好可以解
決生意上的溝通問題。✎

1 | 2　3

1　蘇比拉納先生和受傷的貓咪。
2　蘇比拉納先生和他的攤位。
3　蒙瑟拉特修道院。

1-6

不計一切的救援

　　2019年1月13日，西班牙南部馬拉加一名兩歲幼童Julen掉進一個寬僅25公分、深100公尺的洞（井）裡，震驚全西班牙。公家和私人機構紛紛伸出援手，從外地送大型機械鑿洞救援，北部阿斯圖里亞斯的礦工救難隊也飛往當地協助救難。附近鄰居打開家門讓救難人員進駐成立救難指揮中心，光是義工就有80人，還有不少「候補義工」，而整個救難組有將近300人。

　　Julen掉下去時，引起部分洞壁坍崩，攝影機垂下去到70公尺深度就被土石擋住，Julen卻在土石下面。救難隊只能在旁邊鑿出跟洞平行的大井，避免引起小Julen所在的洞壁坍崩，也加緊腳步鑿洞。那裡原本是一片荒山，連一條像樣的公路都沒有，救援機器運送困難。偏偏這片荒山的板岩地質堅硬，挖鑿困難，產生許多技術

和機械問題，加上天公不作美，救難隊仍克服萬難在短短幾天內挖下大半個山頭。整個救難過程令人動容、驚嘆。

　　西班牙人不再是我們印象中慢吞吞、凡事沒關係的民族，而是不停不休、積極有效率、想盡辦法要救小Julen的「爸媽」。他們從各地調來怪手和挖鑿器具，趕工挖掘出跟Julen掉下去的洞平行的大井。通常挖出三萬五千立方公尺的土石需要兩個月，他們僅花了36小時，還要一邊解決各種技術、地質、機械、天氣等問題，過硬的岩石甚至差點讓鑿井機器報廢。通常要好幾天才能造出來的鋼管，一家穆爾西亞的公司在幾小時內趕工完成。平常不加班的西班牙人，也夜夜趕工，沒有休息。

　　小鎮的七百多個居民更是全力協助，自動自發成為救難隊的後援，離

洞最近的鄰居打開家門讓救難人員進駐成立救難指揮中心。Julen的父母不願離那個洞太遠，前六天都睡在車上，後來因為工程浩大，挖出太多土石，專家怕有崩塌危險，請他們遠離洞邊。一戶鄰居就請他們住進他家，其他鄰居也提供房子給救難隊和採訪記者，超市提供飲料和三明治給救難隊及記者，婦女團體則利用教堂的大廚房每天提供熱食給三百多人的救難隊、八十幾名義工和許多記者。

　　對西班牙人來說，兩歲幼童掉進深井，需要我們的救援，事情就是這麼簡單。至於為了救他，要動員多少人力物資、花費多少錢，都不重要，也沒人問，更無人質疑：值不值得為了生死不明的兩歲幼童，動用這麼多人力物資。大家只是發揮同理心，把Julen視為自己的孩子，無私付出全力救助，希望孩子能順利得救。

　　1月25日，阿斯圖里亞斯的礦工救難隊抵達大井底部，沒時間做地質鑑測，他們用手工挖開四公尺的岩石，心裡只有一個目標，沒等到抱著Julen走出來，他們不會停。1月26日凌晨，他們找到小Julen，也發布孩子的死訊，留給眾人無比的傷痛。但是這件事讓我們知道，人性還是有美麗的一面，西班牙傳統的熱情依舊流淌在西班牙人的血液裡。

　　這就是我很欽佩西班牙人的地方，我欽佩他們的樂觀，他們對於「救難最重要」的堅持。西班牙人的「熱情」其實不是男女愛情，而是關懷，是熱心，是無私且義無反顧的助人表現。

✣ 疫情的見證

　　COVID-19疫情期前，西班牙農民因為生產成本比售價高，開拖拉機封鎖公路以抗議低廉的蔬果價錢。他們的抗議持續了幾個星期，當時，還有人猜測他們的抗議是否會越鬧越大，結果，疫情一爆發，他們取消抗議，保證農產品的供應，到處徵求物資幫助第一線醫護人員，甚至還開著拖拉機去幫忙消毒街道。

　　馬德里是大災區，酒精成為搶手貨，一公升竟要價26歐元。西班牙的酒廠一聽到，馬上聲援，直接提供蒸餾設備給國家，大量生產藥用酒精。他們應該想，西班牙的葡萄酒產量每年都是全世界前三名，政府竟然無能到市場沒酒精，實在太丟臉了。

缺口罩是大問題，連第一線醫護人員都沒有。消息一傳出來，重量級的西班牙首富、Inditex集團（ZARA是旗下品牌）老闆奧蒂嘉（Amancio Ortega）馬上捐贈30萬個口罩和7萬5千件防護衣。奧蒂嘉的女兒也跟進，宣布捐贈100萬個口罩和5000件防護衣，Inditex集團還把部分服裝產業改成生產口罩。

其他紡織業和製鞋業，像是沙發椅、皮鞋、成衣生產商，只要有縫紉機，全加入口罩生產行列，甚至連做甜點的修女都走出廚房，搬出縫紉機，開始做口罩，其他產業也想盡辦法幫忙，用3D列印護目鏡、呼吸器等。

馬德里的餐飲業在疫情期間發起"Food 4 heroes"，提供醫護人員餐食，計程車司機、Uber和Cabify司機提供醫護人員到病患家裡的接送服務。酒吧業者請醫護人員、警察及疫情期間在外工作的人喝咖啡，通訊業則提供免費流量，文化業轉到線上，提供虛擬參觀，讓大家在家裡不無聊。

而那些關在家裡，無法出錢出力的人，也可以幫得上忙。外科醫師覺得確診病人必須住院隔離，非常孤單，發起一人一信活動，不到24小時就收到三萬五千封加油打氣的信件。

或許，這就是為什麼西班牙就算有再多小偷扒手，觀光客還是前仆後繼、一再重遊西班牙的原因。因為，路上問路，會有路人熱心帶你去，路上跌倒，會有路人熱心扶你起來。因為，西班牙人的熱心關懷跟她的陽光一樣，暖暖的。 ✑

← 　巴塞隆納的加泰隆尼亞廣場。

{ CHAPTER 2 }

西班牙你所不知

那些旅遊書上沒說的事

西班牙不只有耀眼的陽光、熱情的人民、
各種文化古蹟、繽紛的色彩、歷史悠久的古城、風光迷人的小鎮……
還有很多不同的生活習慣、獨特的作息時間、有趣的文化差異、
南北各地獨具特色的美食等。這些旅遊書上沒說的事雖然跟景點無關，
卻能讓外地人更深入認識西班牙不為人知的一面。

西班牙安達魯西亞地區的橄欖園。照片提供：復活節之路（Imagen cedida por Caminos de Pasión）。

2-1
人類非物質文化遺產

　　在非物質文化遺產名單中，西班牙有四項被列為「守護人類非物質文化遺產實踐範例」：

❶ **生物圈保留區的非物質文化遺產：夢森經驗**

　　夢森（Montseny）早在1978年就被聯合國教科文組織列為生物圈保護區，後來，加泰隆尼亞教科文組織中心和當地生物多樣性基金會、夢森生物圈保護區、夢森民族學博物館以及當地政府合作，進行「生物圈保護區的非物質文化遺產」的登錄，通過對傳統、習俗、知識、技術、節慶等的整理記錄，以及如何促進此區永續發展的分析，進而保存兩個不可分割的資產：非物質文化遺產和自然遺產。此一模式旨在促進當地居民傳統生活的永續發展，也可以適用到其他地方，以守護人類非物質文化遺產。

❷ **塞維亞省莫龍德拉馮特拉鎮的石灰製作傳統工藝的復興**

　　石灰萃取是少數史前已為人所知的化學反應。莫龍德拉馮特拉（Morón de la Frontera）則是以石灰為傳統製造工業的小鎮。在20世紀，隨著工業生產石灰、水泥和塑料油漆的興起，石灰生產工藝大幅下降，為了保持這一傳統，成立了莫龍德拉馮特拉的石灰窯文化協會，透過石灰博物館讓大家認識手工藝的過程、傳統生活方式、工藝保存等。整個文化協會和石灰博物館把石灰的傳統製造以工匠和工作文化為重心，呈現出活生生的物質和非物質遺產。

2-1

人類非物質文化遺產

1	2
3	4

1　夢森秋景，照片提供：加泰隆尼亞旅遊局（Imagen cedida por Agència Catalana de Turisme）。

2　石灰博物館，照片提供：石灰博物館（Imagen cedida por Museo de la Cal de Moron）。

3　石灰博物館的石灰窯，照片提供：石灰博物館（Imagen cedida por Museo de la Cal de Moron）。

4　以前石灰工匠的房舍，照片提供：石灰博物館（Imagen cedida por Museo de la Cal de Moron）。

❸ 傳統文化最佳保障實踐中心：普索學校博物館教學計畫

　　普索學校博物館（Museo Escolar de Pusol）教學計畫讓學生參與文化遺產保存，一方面從照片、影片、文字、繪畫等學習到棕櫚樹衍生而來的傳統工作、當地美食食譜等非物質遺產的文獻，一方面進行博物館的工作，編目、盤點、儲存、展覽由社會各界捐贈的重要資料。

❹ Ponte⋯⋯nas ondas！計畫（El PCI fronterizo luso-gallego: un modelo de salvaguardia creado por Ponte...nas ondas!）

　　旨在保護葡萄牙-加利西亞邊境的非物質文化遺產，並傳播給年輕一代。為此，在西班牙葡萄牙邊境城市的學校開展，後來擴展到許多其他學校和機構，使年輕人能夠參與實踐和傳播他們自己的傳統。

```
1    4
2 3  5
```

1　　普索學校博物館外面景觀，照片提供：普索學校博物館（Imagen cedida por Museo Escolar de Pusol）。

2　　普索學校博物館的活動，照片提供：普索學校博物館（Imagen cedida por Museo Escolar de Pusol）。

3　　普索學校博物館內部，照片提供：普索學校博物館（Imagen cedida por Museo Escolar de Pusol）。

4　　被馴養的猛禽，照片提供：攝影師Rafael Caballero（Imagen cedida por Rafael Caballero）。

5　　佛朗明哥，照片提供：Roser Salvadó（Imagen cedida por Roser Salvadó）。

非物質文化遺產代表作名單

除了傳統節慶和地中海飲食之外，西班牙在非物質文化遺產名單中還有以下幾個項目：

✤ 馴鷹（La Cetreria，英文：Falconry）

一種訓練猛禽在自然環境中獵捕野生獵物的傳統活動，世代相傳，是一門結合生態學、鳥類學、獸醫學、動物行為學、工藝美術、歷史文學的藝術。馴鷹在西班牙各地均有歷史悠久的傳統，從14世紀起就成為訓練騎士的一種方式，是目前世界上最多國家共同擁有的一項非物質文化遺產。

✤ 佛朗明哥（Flamenco）

源於西班牙南部的安達盧西亞，是最具國際知名度的西班牙文化代表，融合了吟唱、舞蹈和音樂伴奏，歌聲傳達出悲傷、喜悅、快樂，恐懼等，舞蹈則表達各種情緒，從求愛到激情，從哀傷到歡樂。佛朗明哥傳統上是在宗教節慶、儀式、私人聚會慶祝上表演。

✥ 疊人塔（Castells，英文Human towers）：

　　疊人塔早在1801年就有文字記載，是從瓦倫西亞地區以舞蹈開始、疊羅漢結束的Moixiganga演變而來。後來，加泰隆尼亞人刪除舞蹈部分，把焦點集中在疊人塔，人塔越高越好，從此成為這裡最傳統的民間文化之一。

　　疊人塔通常在市政廳前的廣場舉行，是節慶的慶祝活動。參與疊人塔的人身上都綁著寬腰帶來保護背部，在基座的方陣裡大家一齊向中心推，以傳統的管樂旋律來設定節奏，托起第二層的人，再往上搭，越往上面成員的個子越小，重量越輕，通常可以疊到六層至十層的人塔，塔尖一定是小孩，叫作enxaneta。登頂成功後，要伸出四個手指頭揮舞一下，象徵加泰隆尼亞旗上的四道紅條。人塔正確無誤地「疊」起來和「拆」下來則視為完美的表演。

↑　　疊人塔，照片提供：巴塞隆納疊人塔協會（Imagen cedida por Castellers de Barcelona）。

↑　卡蘭達的擊鼓儀式，照片提供：卡蘭達旅遊局（Calanda es Pasión）。

✢ 擊鼓儀式（Las tamboradas）

擊鼓是埃林（Hellín）、穆拉（Mula）和卡蘭達（Calanda）等地區聖週慶典的一部分，全城人在城鎮和村莊的廣場和街道上不斷擊鼓，在震耳欲聾的鼓聲中感受強烈的社群感和宗教氣氛。這項習俗的知識世代傳承，其過程讓人產生對團體的強烈歸屬感，樂器的製造、參與者穿戴的服飾，延續了當地的工藝發展。

✢ 乾砌石牆的藝術、知識和技術（Conocimientos y técnicas del arte de construir muros en piedra seca）

一種堆疊石頭來建造石材建築的技術，除了偶爾使用乾土外，不添加任何接著物。乾砌石牆遍布大多數農村地區，主要位在陡峭地形，偶爾也出現在城市。各種形狀組成多元的地貌和居住、耕作及畜牧模式，體現了人與自然之間的和諧關係。

✢ 塔拉韋拉與大主教橋鎮的製陶工藝（Procesos artesanales para la elaboración de la cerámica de Talavera de la Reina y El Puente del Arzobispo）

這兩個城鎮仍以傳統方法製作塔拉韋拉式陶瓷製品，用於家居、裝飾和建築上。塔拉韋拉從16世紀就是西班牙最重要的陶器產區，製陶工藝連當年塞萬提斯都提過。如今雖有電動工具，但這些城鎮的陶瓷製造、裝飾和上釉仍以16世紀的傳統手工方式進行。

✢ 人力敲鐘（El toque manual de campanas）

幾世紀以來，敲鐘在西班牙一直是表達和交流的方式，具傳遞信息、協調行動、提供保護和增進團結的社會功能。敲鐘的技巧（敲鐘、敲鐘或半敲鐘）結合敲鐘人的技能以及鐘、塔和鐘樓的物理特性和聲學特性，產生多種不同的鐘聲，成為宗教和人民生活中豐富的曲目，可以報時、提醒天災人禍、宣告節慶表演，甚至宣布法令和其他新聞。敲鐘技巧代代相傳，而專門群組和社團在其中發揮重要作用。

✣ 西班牙地中海的灌溉法庭（Tribunales de regantes del Mediterráneo español）

調解灌溉用水管理衝突的法律機構，源於9至13世紀。兩個重要的灌溉法庭分別是穆爾西亞農地的智者委員會和瓦倫西亞農地的水法庭，至今仍以其習慣法和傳統法庭身分而被西班牙法律承認。這兩個法庭的成員由民主選舉出來，在灌溉區具有法律的權威和尊嚴，當人民遇到用水衝突的訴訟問題時，他們能以集中、口頭化、快速和經濟的口述程序，迅速、透明且不偏不倚的方式來解決。

↑　瓦倫西亞農地的水法庭，照片提供：
瓦倫西亞旅遊局（Imágenes cedidas
por Turismo Valencia）。

❖ 木筏漂流（La maderada）

木筏漂流起源於中世紀，當時木筏用來運輸木材、貨物和人員，筏工在木筏上共同生活和工作數週，因而出現共享木筏製作和航行知識、技能和價值觀的社區。這一傳統代代相傳，透過口頭交流、觀察和參與來維繫保有。

❖ 哨語（Silbo Gomera）

古老的哨語是加那利群島中的戈梅拉島（La Gomera）特有的傳統。島嶼地勢崎嶇，交通和通訊不便，因此當地居民自古便以口哨為詔告天下的語言。對著山谷吹口哨，讓哨音迴盪在群山之間，讓所有人都知道，只要談話內容不怕被人聽到，在這山頭的牧羊人可以用哨語跟在那山頭的牧羊人聊天，在這山腰的老婆也可以跟在對面山谷的老公說「記得買麵粉回家！」（真是方便，被別人聽到還可以幫忙提醒老公要買麵粉回家。）

戈梅拉島的哨語以兩個不同的哨音代替西班牙語的五個母音，以四個不同的哨音代替西班牙語的子音，透過這九個哨音可以表達四千多個概念。1999年起，島上的學校把哨語也列入課程，因此幾乎所有島民都聽得懂哨語。〜

← 島民幾乎人人會哨語，照片提供：戈梅拉島旅遊局（Imagen cedida por Departamento de Turismo de La Gomera）。

2-2

生活大小事

↑　　西班牙人親臉頰打招呼。

打招呼

西班牙文的「你好」是「hola」，因為h不發音，所以只發ola（歐拉）的音。

西班牙人跟朋友見面時，打招呼的方式與性別有關，如果是男生遇到男生，兩人就用握手來打招呼，親密一點則是拍肩擁抱。如果是男生遇到女生，兩人就用親臉頰來打招呼，先把臉往左傾，用右頰貼對方右頰，再把臉往右傾，又左頰貼對方左頰。如果是女生遇到女生，也是用親臉頰來打招呼。

西班牙人的作息時間和餐點

雖然每家公司的規定不太一樣，基本上西班牙上班族一天工作八小時，一週工作五天。早上七點到九點之間進辦公室，採打卡制度，有些公司還有彈性上班時間，早點進辦公室就早一點下班。大部分人的作息可用餐點時間來區分：

✧ **早餐（desayuno）**：上班之前先喝個咖啡和吃個簡單的早餐
✧ **早上點心（almuerzo）**：上午十點半左右有個咖啡時間，再吃點點心
✧ **午餐（comida）**：下午一點半或兩點吃中餐，所以餐廳最早一點開門
✧ **下午點心（merienda）**：下午六、七點、下班之後再吃個點心
✧ **晚餐（cena）**：晚上八點或九點吃晚餐，所以餐廳最早八點開門

西班牙人的午餐是正餐，家裡的晚餐則很簡單，大部分人平常（不是過年過節）的晚餐就是一盤沙拉、一個三明治而已，所以，晚餐之後不需要很長的消化時間就可以上床睡覺。

不過，如果晚餐是在正式餐廳，情況就不同了。

2-2

生活大小事

如果約晚上九點在餐廳用餐，等到出席的人都到齊，已是九點十五分之後。大家寒暄一番，但還沒坐下來吃飯，因為餐廳服務生會先端來香檳和開胃菜，讓大家一邊喝酒一邊聊天，真正坐下來點菜已是十點，等到點完菜，前菜送上來，已經是十點半了。前菜、主菜、甜點、咖啡一道道上來，一頓晚餐吃完、喝完咖啡可能已將近凌晨兩點。

午睡（siesta）

西班牙（尤其是南部）的夏天非常炎熱，如果在下午兩點到四點最熱的時段在太陽下走動，很容易中暑，所以那段時間大家都在室內休息，商店也因此把營業時間分早上和下午，早上從九點半或十點開始，至下一點半或兩點，之後便是中午休息時間，下午從四點半或五點才再開門營業，直到晚上八點半或九點為止。事實上，西班牙的商店跟德國、荷蘭、法國的商店一樣，也是一天營業八小時，店員也是一天工作八小時，沒有比較偷懶。

西班牙人的中午休息時間比較長，所以不少人回家吃完午餐還有半小時打個瞌睡，就成為西班牙著名的siesta，這可是全世界通用的西班牙字，不過，現在大城市上班族都沒時間回家用餐，更別說siesta了！

夜生活

曾有觀光客跟我抱怨，西班牙沒有夜生活，西班牙的夜店都沒人。經我詢問才發現，這些早睡早起的觀光客晚上十點就到夜店玩。然而西班牙人晚上十點夜生活還沒開始呢！

西班牙的夜生活很豐富，而且很晚開始，大多數人最早午夜12點才出門玩。通常都是先到酒吧喝一杯，一邊喝一邊聊天，從街頭的酒吧一家一家地喝到街尾，然後再到夜店跳舞。通常年輕人體力好，玩通宵，玩到隔天早上六、七點吃完早餐才回家睡覺；年紀大一點的人體力也不差，玩到凌晨三、四點都很正常。

一年中最熱鬧的夜晚就是跨年夜，大家絕對是徹夜狂歡。有精力的人不分男女老少都是在新年派對玩整夜，早上吃完早餐才「很早」地回家睡覺！

戶外生活與酒吧文化

　　西班牙人很愛戶外生活，在露天咖啡座喝咖啡閒聊，吃點小吃tapas，散步、戶外運動、購物等，所以西班牙有不少街道名稱是「散步大道」，窄小的車道在兩邊，寬大的人行道在中間，設有行道椅和露天咖啡，讓大家可以散步，走累的還可以坐下來乘涼。因此，西班牙人的房間一般都不大，因為房間只用來睡覺，其他時間不會待在房間裡。

　　西班牙的酒吧文化，不可言傳，只能體驗。夏天時，西班牙人會約一群朋友在露天酒吧吃吃喝喝，冬天時則相約在酒吧室內吃吃喝喝，所以傳統酒吧在西班牙是社交場合，週末絕對客滿。就算人多的時候也可以站著吃喝一頓，因為重點不在於杯裡的美酒或是盤裡的佳餚，而是人與人之間的互動。所以，低頭族很難打進西班牙人的社交圈！

←　西班牙人喜好戶外生活。
↓　西班牙的酒吧文化是生活的一部分。

家庭生活

　　西班牙人的家庭觀念很重。如果家族親戚剛好都住在同一個城市，在聖誕節就可能聚集二、三十人一起享用聖誕大餐。而在經濟不景氣的時刻，大家全靠家族親戚度過難關，所以，儘管西班牙這幾年經濟非常不好，街上仍少見遊民，就是因為有家族的力量在支撐。

我的家鄉

西班牙內戰後，許多鄉村人口湧進大城市打工，他們在那裡落地生根，生兒育女。因此，現在大部分城裡的人（尤其是老年人）都是從鄉下小鎮來的，幾乎人人都有「我的小鎮」（Mi pueblo），常常會談到「我的小鎮有⋯⋯」、「這是我從我的小鎮帶來的好東西⋯⋯」、「我要回我的小鎮度假⋯⋯」

他們以來自小鎮為傲，過年過節或是度假時一定攜家帶眷回到小鎮，還會邀請他們在大城市認識的朋友去小鎮度假，看看他們的小鎮有多好。回到大城市也一定帶著滿滿一車的小鎮美食，從馬鈴薯、洋蔥，到一整條火腿。在1970和80年代，西班牙人還沒有出國度假的習慣，大家都是跟父母回到家鄉小鎮度假，久而久之，父母的小鎮也成為他們的小鎮。現在，這些在城裡出生的第二代還是帶他們的小孩回小鎮度假。

足球

足球是西班牙的全民運動，19世紀末從英國引進；最早的球賽就是紅酒河礦區英國員工的比賽。西班牙第一支足球隊是1878年成立的紅酒河足球隊（Rio Tinto Foot-Ball Club），但是沒有註冊登記；第一個註冊登記的足球隊是1889年成立的韋爾瓦娛樂俱樂部（Huelva Recreation Club）。現今西班牙最強的兩支隊伍皇家馬德里隊（Real Madrid Club de Fútbol）和巴塞隆納隊（Fútbol Club Barcelona）則分別成立於1902年和1899年。

西班牙的報章雜誌和新聞報導有將近一半是體育新聞，而體育新聞又有百分之八九十是足球新聞，甚至還有專門的體育報紙，只報體育新聞。所以在西班牙，很少人不知道今天的球賽是哪兩隊在比。

在西班牙不用開電視就能知道比賽成績，只要聽到全城歡呼「Gol」，就知道自己城市的球隊（或是西班牙國家隊）進球；聽到全城嘆息「Ai」，就是敵隊進球。而只要數一數有幾聲Gol和幾聲Ai，就會知道比數了！

所以，在西班牙沒電視看的人可以靠這種聽聲的方式辨輸贏。

草藥

↑　市集上各色各式的草藥。

　　很多人不知道，西班牙人也吃「草藥」，在街上也可以看到草藥店（Herboristeria），有時候連市集也有賣草藥。各式乾燥的藥材擺得跟市場的水果一樣，色彩繽紛，非常引人注目。不過，西班牙不是把草藥當中藥來煎，而是把各式草藥當茶泡來喝，還可以加糖，喝起來甜甜的，跟傳統中藥的苦澀藥汁比起來，非常可口。

　　最常見的草藥是椴樹花茶（Tila）和纈草茶（Valeriana），具有鎮靜的功效。另外，還有蒲公英、迷迭香、百里香、留蘭香、貫葉連翹等。

十三號星期二

　　西班牙語系國家中，有禁忌的日子不是黑色十三號星期五，而是十三號星期二，因此有句西班牙俗語說：「十三號星期二，禁婚禮、遠行，連家門都不能出。」（Martes 13 ni te cases ni te embarques, ni de tu casa te apartes.）

　　十三號不吉利的原因是因為在《聖經》的「最後的晚餐」中，耶穌是第十三人。

　　星期二不吉利則要從西班牙文一星期的每一天開始說起。

　　星期一是Lunes，代表「月亮日」（día de la luna），月亮的西班牙文是Luna。

　　星期二是Martes，代表「火星日」（día de Marte），火星這個字源於羅馬神話戰神瑪爾斯的名字。火星的西班牙文是Marte，瑪爾斯的西班牙文名字也是Marte。

　　星期三是Miércoles，代表「水星日」（día de Mercurio），而水星這個字源於羅馬神話中為眾神傳遞信息的使者墨丘利的名字。水星的西班牙文是Mercurio，墨丘利的西班牙文名字也是Mercurio。

　　星期四是Jueves，代表「木星日」（día de Júpiter），木星這個字源於羅馬神話

中眾神之王朱庇特的名字。木星的西班牙文是Júpiter，Júpiter也是朱庇特的西班牙文名字。

星期五是Viernes，代表「金星日」（día de Venus），金星這個字則源於羅馬神話中愛神維納斯的名字。金星的西班牙文是Venus，Venus也是維納斯的西班牙文名字。

星期六是Sábado，源自拉丁文的sabbǎtum，是指猶太教每週一天的「安息日」。

星期日是Domingo，源自拉丁文的dies Dominicus，是指「主的日子」。

所以，星期二是「火星日」，又代表戰神，也代表破壞、流血和暴力。加上君士坦丁堡於1453年5月29日星期二被鄂圖曼帝國的回教大軍攻陷，讓歐洲天主教諸國大為震驚。所以，星期二就成為不吉利的日子。

最後，十三加上星期二，就成為不吉利的十三號星期二了。

在幾樓

台灣是「美規」，房子是由一樓開始算，上一層樓就加一個數字，一樓上面是二樓，二樓上面是三樓，依此類推，看最後一層樓的數字就知道房子有幾層樓。

西班牙則是「歐規」，房子是由0樓開始算起。在西班牙，第一層叫作Planta Baja，電梯裡是用「0」或「B」代表，0樓上面是一樓，一樓上面是二樓，依此類推，所以，要知道房子有幾層樓，就要把最後一層樓的數字加上1。

因此，台灣的一樓是西班牙的0樓（或「B」樓：Planta Baja），台灣的二樓是西班牙的一樓，依此類推。

但是在19世紀末20世紀初，巴塞隆納資產階級大亨住的豪宅，入口的大門高大，方便馬車進出，地面上的樓層（台灣的一樓）整個挑高，分成兩層樓，下面的那一層是0樓，是商店，進去店裡要下幾個台階，有點「半地下室」的樣子。0樓上面是E樓（Entresuelo，間層），照台灣算法已是二樓了，但是，通常E樓離地面不高，頂多一公尺半兩公尺高而已。E樓上面是P樓（Principal，主要樓層），是主人住的樓層，樓層天花板挑高，但是只有一層。P樓上面才是巴塞隆

從此圖可以看出地面上的樓層和主要樓層（Principal）的天花板挑高，接下來的樓層天花板較低。照片提供：攝影師Rafael Caballero（Imagen cedida por Rafael Caballero）。

納的一樓、二樓、三樓、四樓……通常這些樓層都是分租的房子，一整層樓切分成幾個公寓出租給普通人住。

當時，住在P樓的巴塞隆納人稱為Señores（紳士）Principales（主要的），一語雙關，一是指「住在P（Principal）樓的人」，另一是指「一等公民」的意思，因為住在P樓的人都是富豪顯貴。

百葉窗掛外面

到過西班牙的人都會問：西班牙南部的夏天有時會超過50℃，都是怎麼避暑的？

西班牙是乾熱，溫度跟陽光密切相關，曬到太陽會很熱，陰影底下則很涼。西班牙傳統的避暑方法就是用百葉窗防止陽光曬進屋裡，再加一層厚窗簾，屋子裡暗暗的，卻很陰涼。因此，一到夏天，西班牙家家戶戶就用此避暑老方法，在窗戶外罩上百葉窗，防止陽光的熱氣進到屋子裡。

現在，除了木頭百葉窗之外，在西班牙遮陽避暑的還有灰白色的塑膠百葉窗，有些人還在百葉窗外面加上網帆布遮陽篷，加強遮陽避暑的效果。

↑ 窗外的百葉窗可以說是家家必備的避暑方式。

西班牙人的名字

西班牙人很重視家庭，連取名字也是一樣代代相傳，祖母叫瑪麗亞，女兒叫瑪麗亞，孫女叫瑪麗亞。打電話到西班牙人家裡找人要先解釋清楚，要找的瑪麗亞是孫女還是祖母，或是要找的路易斯是兒子還是爸爸。

有些西班牙名字有簡稱，例如Dani是Daniel的簡稱，Santi是Santiago的簡稱，Isa是Isabel的簡稱，Tere是Teresa的簡稱等，其中最特別的是José和Francisco的簡稱，分別是Pepe和Paco。

José這個名字跟聖若瑟（San José）有關。聖若瑟是聖母馬利亞的丈夫，是耶穌在人間的父親，稱為「Pater Putativus」，也就是拉丁文的「養父」，後來簡寫成「P.P.」，用西語來念就變成「Pepe」了！

Francisco這個名字則跟聖方濟各（Francesco d'Assisi）有關。聖方濟各是方濟各會（又稱「小兄弟會」）的創辦者，稱為「會祖」或是「修會之父」，拉丁文寫成「Pater Comunitas」。後來，大家拿這兩個字字首的頭兩個字母來簡稱PAter COmunitas，就變成「Paco」！

聖人、主保聖人、聖人日

天主教的聖人是經由認證的程序而被冊封，包括信耶穌的人、已死的信徒和殉道者。

在中國民間信仰裡，保佑當地風調雨順的是土地神，守護城池的是城隍；而在西班牙，土地神和城隍合而為一，就叫作主保聖人或是守護聖人（Patrón或Patrona）。每個城鎮都會選一位聖人為主保聖人，有些地方還不只一個，保佑眾人平安，而主保聖人的瞻禮日就是當地的節慶。

許多西班牙人除了慶祝生日，還會慶祝「聖人日」，因為他們以聖人的名字命名，而一年365天中每天至少是一個聖人的瞻禮日，所以，跟他們同名的聖人的瞻禮日就是他們的「聖人日」，可以慶祝一下。例如聖若瑟（San José）的瞻禮日是3月19日，所有叫José的人都會在這一天慶祝「聖人日」。

不過，不是每個名字都是聖人的名字，例如Rafael、Miguel和Gabriel，則是大天使的名字。

姓氏

西班牙人有兩個姓氏，先冠父姓，再冠母姓。因為大家都有兩個姓氏，所以，是先冠父親的第一個姓氏（祖父的姓氏），再冠母親的第一個姓氏（外祖父的姓），因此母親的姓氏只傳一代。以大名鼎鼎的西班牙畫家畢卡索為例，他的全名是Pablo Ruiz Picasso，Pablo是名字，Ruiz是父姓，Picasso是母姓，在1901年前畢卡索一直簽全名P. Ruiz Picasso，直到1901年後才改以母親的姓氏Picasso簽名。

跟其他國家不同的是，西班牙人沒有冠夫姓的習慣，女士結婚後還是用原本的姓氏。

不一樣的父親節和母親節

聖若瑟是耶穌在人間的父親，所以西班牙以3月19日聖若瑟節為父親節。

聖若瑟是木匠，所以他也是木匠的主保聖人。瓦倫西亞的木匠為了慶祝聖若瑟節，每年在3月19日這一天，把他們用來當燭台的木條（稱為parot）和其他雜物一起在店門口燒掉，後來，這個木匠的習俗又和歐洲人在春分時點火堆的風俗結合在一起，就成為今天的火節（Las fallas）啦！

西班牙傳統上以12月8日、聖母無原罪日為母親節，來紀念聖母無染原罪（Inmaculada Concepción，英文Immaculate Conception），所以，西班牙和以前的殖民地都以這一天為母親節。

現在西班牙的母親節是受到美國的影響，不過，美國的母親節是五月的第二個星期天，西班牙和葡萄牙、匈牙利、立陶宛、莫三比克、羅馬尼亞一樣，把母親節訂於五月的第一個星期天，而西班牙以前的殖民地巴拿馬仍維持傳統，在12月8日慶祝母親節！

不一樣的愚人節

西班牙的愚人節不是4月1日，而是12月28日，稱為「神聖無辜者節」（Día de los santos inocentes）。

兩千年前希律王為了殺死耶穌聖嬰，處死所有兩歲以下的嬰兒，後來教會

稱這些無辜嬰兒為「神聖無辜者」（Santos inocentes），訂12月28日為神聖無辜者節。

早期原始民間信仰在聖誕節和新年之間慶祝瘋人節（Fiesta de los locos），天主教教廷認為瘋人節過於喧譁放縱，因此以天主教的神聖無辜者節來取代在教外流行的瘋人節，以玩笑惡作劇來慶祝12月28日，久而久之就成為愚人節了！

在12月28日這天，西班牙人習慣和親戚朋友互開玩笑或惡作劇，有時甚至連傳播媒體也會開大眾的玩笑。以前有個專開名人玩笑的電視節目就叫「inocente inocente」，在愚人節這天都有個特

↑　稱為monigote de los inocentes
或是Llufes的紙人。

別節目，最常見的惡作劇就是在別人背後貼個紙人，被貼上的人就是「上當」的人，這個紙人叫作monigote de los inocentes或是Llufes。

罷工

在工業革命之後，開始有勞工和雇主的關係，也有了雇主剝削壓榨勞工、工作意外、職業病、童工等問題。雇主長期壓榨讓勞工開始自發性的抗議、罷工、占據工廠、組成工會，因此，歐洲各國政府漸漸在19世紀開始立法保障勞工的權益，訂定最低工資、八小時工作制、重視職業安全、工作平等等。

在西班牙，只要不是雇主，就是勞工，而勞工的權益都是靠抗議、罷工爭取來的。

罷工是件很惱人的事，但是大家都知道，每個行業的罷工都會影響到其他人，如果其他人支持正在罷工的行業，罷工的勞工就有爭取權益的籌碼，改天我們自己從事的行業要罷工，其他行業的人也會支持我們。所以，大家遇到罷工都會默默忍受。

旅行時最怕遇到公共交通的司機罷工。但是，對歐洲人來說，勞工的權益就是這樣爭取來的。❦

2-3
穿著打扮

圓點來自西班牙

　　波卡圓點（Polka dot）
是由大小一致、排列緊密
規則的一系列實心圓點構
成的圖案，是服裝設計師
愛用的元素，常見於非正
式的日常服飾上，曾風靡
於1950、60年代，到現在
仍不退流行。

　　波卡圓點的圖案最早流
行於19世紀後期的英國，
而波卡爾舞也在同時流
行，所以取名為波卡圓
點。事實上，設計師是從
西班牙佛朗明哥服飾上的
圖案得到的靈感。波卡圓
點傳統上用在佛朗明哥舞
舞者及表演者的服裝上，
如果大家仔細看，就會發
現傳統佛朗明哥的服飾上
面就布滿一個個圓點。

↑　西班牙佛朗明哥服飾上的圓點，照片提供：馬拉加旅遊
局（Imagen cedida por Área de Turismo Ayuntamiento
de Málaga）。

← Rosa Clará設計的婚紗，
照片提供：Rosa Clará
（Imagen cedida por
Rosa Clará）。

婚紗禮服

西班牙是全世界第二大婚紗禮服出口國。手工縫製的精緻禮服加上領先世界潮流的設計，讓西班牙的婚紗禮服成為全世界新娘的最愛。

在西班牙，結婚的花費是筆大開銷，而治裝費更是新郎新娘以及所有來賓都要花的一筆大錢。新娘婚紗是用買的，價錢不菲，從五百、一千歐元起跳。參加婚宴的來賓更是人人盛裝出席，觀禮人的治裝費起碼也要兩百歐元。所以，理所當然，禮服設計是很重要的！

Pronovias、Rosa Clará、Villais、Raimon Bundó等都是西班牙最知名的婚紗禮服品牌。每年在西班牙有不少婚紗禮服展，最具國際名聲的就是「巴塞隆納新娘週」（Barcelona Bridal Week）！

不過，因為有「新郎不能在婚禮前看到新娘穿白紗禮服」的忌諱，西班牙人不會在結婚前拍婚紗攝影，只有婚禮實況記錄攝影。

↑　西班牙最大的百貨公司El Corte Inglés。

百貨公司不叫英國宮

西班牙最大的百貨公司叫做El Corte Inglés，但是，它的字意翻譯不是「英國宮」。

西班牙文有陰陽性之分，名詞和形容詞要用同一種詞性，不能名詞用陰性，此名詞的形容詞用陽性。

這個百貨公司的西班牙原文是El Corte Inglés。El是陽性冠詞，Corte有兩個解釋：當陽性名詞是「剪裁」、「切口」、「刀切的傷口」等。當陰性名詞是「宮庭」、「王室」等。Inglés則意指「英國的」，是陽性形容詞。

所以El Corte Inglés是「英式剪裁」或「英國剪裁」，再誇張點，可以翻譯成「英國裁縫」或「英國裁縫師」，但絕不是「英國宮」。

如果叫「英國宮」，西班牙原文應是La Corte Inglesa，以La（陰性冠詞）為冠詞，Inglesa（陰性形容詞）為形容詞。

事實上，這家百貨公司當初是從裁縫店起家，做的是英式西服，所以叫做El Corte Inglés，後來越做越大，就成了連鎖百貨公司，總部設在馬德里。

萬用圍巾

很多人會發現，西班牙到處都是圍巾。西班牙女生一年四季都帶著大小、厚薄不同的圍巾，服飾店或是手工藝市集一定有賣圍巾，甚至連跟警察玩捉迷藏的違規攤販也有販售圍巾。

春秋兩季因為溫差大，圍巾是很實用的配件，冬天為了保暖，圍巾是人人必需的裝備，但是很少人知道，圍巾在夏天也很好用。

西班牙的夏天酷熱，許多人都穿無袖上衣和短褲短裙，但是教堂禁止入內參觀的遊客穿太短的衣物或是裸露雙肩。不少遊客因此被擋在教堂門外。這時，用條圍巾就可以解決這個尷尬問題。你可以在肩上披一條圍巾變成臨時披肩，或在腰際綁條圍巾變成臨時長裙。　✎

音樂和語言

↑　La Tuna，照片提供：巴亞多利德大學法學院的La Tuna
　　（Imagen cedida por la Tuna de Derecho de Valladolid）。

La Tuna

La Tuna源於13世紀，是歷史悠久的大學「社團」。

1212年，阿方索八世（Alfonso VIII）統治時期，帕倫西亞（Palencia）成立了第一個「Studium generale」，就是後來通稱為「大學」（Universidad）的前身。

當時，一群窮困的大學生因為沒錢支付生活費，便組成一個拿著吉他和曼陀林、自彈自唱的「合唱團」，在街頭、旅館、廣場、修道院、酒館等地唱一些當時流行的民歌，以賣唱換取一些零錢和一碗湯（un plato de sopa）來維持生計，這就是La Tuna最早的起源，也因此，這些大學生也稱為sopistas。

他們自備木湯匙和叉子，只要一逮到機會就可以隨處吃喝一頓。而這些木湯匙和叉子就成為這群sopistas的特色。直到現在，木湯匙和叉子還是各個大學La Tuna的象徵。

另外，這些大學生還用「彈琴唱愛」的音樂手法來追求女孩子。一到午夜或是宵禁的鐘聲一響，La Tuna全體就在某個成員愛慕的女孩窗下大唱情歌，就像我們在電影裡看到的一樣。

史上關於大學La Tuna的文件記載，就是葉以達大學（Universidad de Lleida）的一條「校規」，該校規禁止La Tuna在晚上高歌，一旦抓到，就要沒收樂器。

Zarzuela

Zarzuela是西班牙特有、起源於馬德里的一種戲曲，介於歌劇和戲劇之間的說唱喜劇，有對白、民謠小調、歌曲，以小人物、大家熟悉的節慶、趣談為場景和故事題材，多以馬德里城為背景，音樂裡有濃濃的西班牙風味，響板則是Zarzuela樂譜裡不可少的樂器。

　　西班牙男高音多明哥（Plácido Domingo）的父母當年就是Zarzuela的歌手，他從小耳濡目染，後來常在音樂會上唱幾曲Zarzuela，更把Zarzuela推廣到國際。

　　不過，Zarzuela在美食上則有不同的意思，指的是採用各種海鮮為食材、色彩鮮豔的海鮮煲，就像在餐桌上演一齣Zarzuela而得名。

ll的發音

　　最近這十年，關於西班牙旅遊的資訊越來越多，但是，城市、人名音譯的錯誤卻越來越常見。反而是早在二、三十年前，譯者就知道要把城市Sevilla音譯為「塞維亞」，把女高音Caballé音譯為「卡芭葉」。

　　實事上，西班牙語的一個l（L）和兩個l所組成的ll（LL）發音完全不同。一個l發音類似英語中的l（音似ㄌ）。但是，兩個l組成的ll發音則接近長音的 "i"（音似一），音標上用/ʎ/來標示；有些地方的發音則是上下牙齒緊閉，發成/j/或/ʒ/。

　　所以，西班牙南部大城Sevilla不是「塞維拉」，而是「塞維亞」；高第的建築Casa Batlló不是「巴特羅（巴特婁）之家」，而是「巴特由之家」；足球員Casillas不是「卡西拉斯」，而是「卡西亞斯」；西班牙的燉飯Paella則要發成「把ㄟ亞」。

西班牙人傳說中的神祕東方

　　以前，西班牙人還沒大量接觸到講中文的人，東方對他們來說很神祕，在西班牙語裡有不少跟中文或是中國有關的比方。

　　當西班牙人說：「你在說中文」（me estás hablando en chino）或是「聽起來像中文」（me suena a chino），意思就是：「我聽不懂你在說什麼」。

　　「中國人的活兒」（trabajo de chinos）是指需要耐性慢慢做、很費事的細活。我猜他們當時對中國的印象應該是湘繡、牙雕之類的手工細活。

　　「中國故事」（cuento chino）是指神話、不存在的事。

　　「中國墨汁」（tinta china）就是我們寫書法、畫國畫的墨水。✍

2-5
近代史

俄國小孩

大家都知道西班牙從1936到39年打了一場慘烈的內戰。但是很少人知道內戰期間，當時的社會主義聯合政府（稱為「人民陣線」〔Frente Popular〕）把住在戰區的兒童疏散到法國、比利時、俄國、英國、瑞士、丹麥等國家去避難。

這些兒童原本只是預計短期跟家人分離，等到內戰結束就會返回西班牙。但是很不幸的，內戰之後接著是第二次世界大戰，大戰後又是冷戰，那些疏散到俄國的西班牙小朋友也因此無法回國，成為後來西班牙人眼裡的「俄國小孩」（Niños de Rusia）。

這些俄國小孩是疏散到其他國家的兒童中，遭遇最悲慘的一群。歷經西班牙內戰、二戰和史達林的「大恐怖」時期，倖存下來的西班牙小朋友長大成人，卻無法回到西班牙，因為西班牙和蘇聯沒有邦交。直到史達林去世四年後，蘇聯才允許他們返回西班牙。

1946年，150名「俄國小孩」到墨西哥和西班牙家人會面。1957年1月，400多位離開西班牙20年的「俄國小孩」回到家人身邊。但是，西班牙內戰後，極右派堅決反共的佛朗哥掌權當政，這些回到西班牙的俄國小孩不但要面對政治上的懷疑，還要面對和家人相處的生活習慣和文化問題，以致有一小部分人最後無法適應而又返回蘇聯。

60年代後，有些俄國小孩單獨回到西班牙。柏林圍牆倒塌、蘇聯解體後，又有不少俄國小孩陸陸續續回到西班牙。後來，西班牙政府給予這些俄國小孩退休金、補助、醫療保險，讓這些飽受苦難的俄國小孩能安養晚年，免除經濟之憂。

2-6
飲食習慣

原產地名稱保護制度

西班牙的原產地名稱保護制度（Denominación de origen）是法定的地理標示，以保護特定地區因其獨特的氣候、土質、水質等環境條件生產的食品食物，保證只有真正出產於某個區域的食品食物才能以此地名行銷出售，以求保護產地的名聲信譽，排除誤導消費者的、走味及低劣的非真正產區食品食物。最著名的例子是雪莉酒（Jerez，英文Sherry），只有在西班牙赫雷斯（Jerez）地區釀造的葡萄酒才能稱為雪莉酒。

現在受到原產地名稱制度保護的，除了蔬果、魚肉之外，還包括橄欖油、蜂蜜、火腿、糕點、奶酪、葡萄酒等產品。

地中海飲食

西班牙飲食屬於地中海飲食（La dieta mediterranea），食用大量新鮮蔬果、豆類、堅果、麵包和小麥等穀物，以橄欖油為主要食用油，另外，醋和葡萄酒也是飲食的重要部分。

地中海飲食是一種結合食材、技巧和食譜的生活方式，是一種圍著桌子共享當地時令美食的生活方式，是地中海國家獨特的文化元素，而沿著地中海的國家依照當地不同的食材創造出不同的美食，現在，因為地中海飲食健康的烹飪方式而越來越受到國際的重視，更因此於2013年列為非物質文化遺產。

在西班牙，每個地方有它的傳統美食：

1	2	3
		4

1　加那利群島名菜：皺皮馬鈴薯佐香菜青醬。攝影：Sara Sánchez-Romo Costa，照片提供：加那利群島旅遊局（Imagen cedida por Promotur Turismo de Canarias）。

2　阿斯圖里亞斯的名菜：龍蝦煲。攝影：Kike Llamas，照片提供：阿斯圖里亞斯旅遊局（Imagen cedida por Turismo de Asturias）。

3　卡斯提亞-雷昂的名菜：烤羊羊。照片提供：卡斯提亞-雷昂旅遊局（Imagen cedida por Turismo de la Junta de Castilla y León）。

4　阿斯圖里亞斯的著名甜點：牛奶燉飯。攝影：Kike Llamas，照片提供：阿斯圖里亞斯旅遊局（Imagen cedida por Turismo de Asturias）。

❖ **安達魯西亞地區**：冷湯（gazpacho）、炸海鮮（fritura andaluza）、蝦餅（Tortillas de camarones）。

❖ **阿拉貢地區**：鹹沙丁魚餅（Los Regañaos）、番茄香蒜鱈魚（bacalao al ajoarriero）、番茄燉羊肉（Cordero al chilindrón）。

❖ **阿斯圖里亞斯地區**：臘腸白豆煲（fabada）、海鮮煲（caldereta de pescado）、牛奶燉飯（arroz con leche）。

❖ **巴利阿里群島**：龍蝦煲（caldereta de langosta）、燉魚（Bullit de peix）。

❖ **加那利群島**：皺皮馬鈴薯佐辣味紅醬或香菜青醬（Papas con Mojo）、雜燴肉菜鍋（Sancocho）。

❖ **坎塔布里亞地區**：山區雜燴肉菜鍋（cocido montañés）、鮪魚燉菜（Sorropotún）。

❖ **卡斯提亞-拉曼恰地區**：大蒜湯（Sopa de Ajo）、五花肉豬肝燉豆糊（Gachas）、拉曼恰式羊肉煲（caldereta manchega）、臘腸蛋餅（Duelos y Quebrantos）。

❖ **卡斯提亞-雷昂地區**：烤乳豬（cochinillo asado）、烤羔羊（Cordero lechal Asado）、雜燴肉菜鍋（cocido maragato）。

❖ **加泰隆尼亞地區**：海鮮煲（Suquet de peix）、鱈魚沙拉（esqueixada de bacalao）、雜燴肉菜鍋（Escudella i carn d'olla）、焦糖布丁（Crema catalana）。

❖ **瓦倫西亞地區**：海鮮飯（paella）、海鮮麵（fideuá）。

❖ **埃斯特雷馬杜拉地區**：埃斯特雷馬杜拉式羊肉煲（Caldereta Extremeña）、烤鷓鴣（Perdiz al modo de Alcántara）。

❖ **加利西亞地區**：雜燴肉菜鍋（cocido gallego）、加利西亞式章魚（pulpo a feira）

❖ **拉里奧哈地區**：臘肉燉馬鈴薯（patatas a la riojana）、番茄鱈魚（bacalao a la riojana）、什錦蔬菜（menestra de verduras）。

❖ **馬德里地區**：雜燴肉菜鍋（cocido madrileño）、馬德里式燉牛肚（callos a la madrileña）。

❖ **穆爾西亞地區**：穆爾西亞式海鮮飯（Arroz Caldero）、櫛瓜洋蔥馬鈴薯炒蛋（Zarangollo Murciana）、臘肉燉蠶豆（Michirones）。

❖ **巴斯克地區**：Pil Pil醬汁香蒜鱈魚（Bacalao al pil pil）、長鰭鮪燉馬鈴薯（marmitako）、鰻魚苗（angulas a la bilbaína）。

❖ **納瓦拉地區**：蛋炒野菇（Revuelto de setas）、納瓦拉式鱒魚（Trucha a la navarra）、烤琉璃苣（borrajas al horno）。

1　2　3　4

1　馬德里地區名菜：馬德里式燉牛肚，照片提供：馬德里市政府旅遊局（Imagen cedida por Madrid Destino Cultura Turismo y Negocio, S.A.）。

2　炸海鮮，照片提供：加地斯省旅遊局（Imagen cedida por Patronato Provincial de Turismo de Cádiz）。

3　納瓦拉式鱒魚，照片提供：納瓦拉旅遊局（Imagen cedida por el Archivo de Turismo "Reyno de Navarra"）。

4　Pil Pil醬汁香蒜鱈魚，照片提供：聖塞巴斯提安的艾戈薩利餐廳（Imagen cedida por Restaurante Egosari）」。

2-6

飲食習慣

↑ 各式tapas。

↑ 各式pintxos和pintxos結賬方式。

點心小吃

除了正餐的前菜、主菜、甜點之外，西班牙還有各種類型的點心和小吃。

✦ **下酒小菜（tapas）**：古時候，客人到酒館喝酒，酒館就附贈小菜tapas（複數）給客人配酒，讓客人先墊點食物在胃裡，比較不會醉，而且小菜越吃越有味道，酒會越喝越多。一直發展到現在，小菜的種類越變越多，tapas成了獨特的典型小吃，由眾多別出心裁的小菜tapa組成，進而衍變成主食。在西班牙，El tapeo是指享受美食的特別風俗。tapas是一小盤一小盤，大家一起合吃每一道菜的小菜，有點像中式吃法，但是一定要配麵包吃，而且，這些小菜是下酒的，當然不能忘了配酒。

✦ **串燒式小菜（pintxos或pinchos）**：北部巴斯克地區的tapas，以小型串燒的方式呈現，底下有麵包，用牙籤串起來，一人一份，叫做pinchos。在巴斯克地區，pinchos寫成pintxos。pintxos還有一個很有趣的特色，吃完後，用來串pintxos的木籤不能丟掉，因為最後是以「你吃了多少pintxos，盤子上就有多少木籤」的方式來算帳。

- ✤ **西班牙三明治（bocadillo）**：亦稱bocata，小的bocadillo也稱為bocatín，是把一條烘烤過的法國麵包切一半，塗上番茄汁、橄欖油或美乃滋，然後在裡面夾各式食物，有分冷的和熱的，可以當早餐、點心、午餐、晚餐、宵夜吃。通常冷的bocadillo夾乾酪、鮪魚罐頭或是臘肉（embutido），例如chorizo、salchichón、sobrasada、longaniza、jamón等，熱的夾各式肉片、蛋、煎烤過的蔬菜、生菜等。
- ✤ **小三明治（montaditos）**：可說是沒有牙籤的pintxos，也可以算是小三明治。

火腿

西班牙火腿是依據豬的品種、豬腿的種類、飼養的方式和醃製的時間來細分。

豬的品種有兩種：

- ✤ **黑蹄的伊比利黑蹄豬（Cerdo Ibérico）**：膚色較黑，產量少，比較珍貴，價格也較貴，還細分為100%伊比利豬、50%伊比利豬跟75%伊比利豬這三種。這種豬做的後腿出來的火腿叫做Jamón Ibérico（伊比利火腿）。
- ✤ **非黑蹄的伊比利黑蹄豬**：白蹄，皮膚顏色跟伊比利豬比起來比較白，產量多，價格也較便宜，這些非伊比利豬的後腿做出來的火腿就叫做Jamón serrano（塞拉諾火腿）。

豬腿的種類有兩種：

- ✤ **Jamón**：後腿，油質較多，比較細膩，單價較貴，一條腿的重量較重。
- ✤ **Paleta**：前腿，油質較少，比較乾硬，單價較便宜，肉較少，一條腿的重量較輕。

伊比利黑蹄豬的飼養方式有三種：

✛ Bellota：放養在長滿橡樹和軟木、叫做Dehesa的牧地自由奔跑生長、覓食，只吃橡果（Bellota）、野草、香草以及橄欖，因此，肉質有種特殊風味，能產生出滲透到豬肉全身組織的脂肪，形成大理石般細膩的紋理。

✛ Cebo de Campo：算是自由放養的豬隻，以牧場（Dehesa）的橡果、野草、香草、飼料和穀物為食。

✛ Cebo：只吃飼料和穀物，圈養在農場的豬隻，所以味道較差，價錢最便宜。

　　根據最新法規，伊比利火腿的標籤有四種：

✛ 黑色標籤：bellota 100% ibérico，是完全以橡果、野草、香草及其他天然食物為食的100%伊比利豬。

✛ 紅色標籤：bellota ibérico，是完全以橡果、野草、香草及其他天然食物為食的75％或是50％伊比利豬。

✛ 綠色標籤：cebo de campo ibérico，是以橡果、野草、香草、飼料和穀物為食的伊比利豬（可能是50%或75%或是100％伊比利豬）。

✛ 白色標籤：cebo ibérico，只吃飼料和穀物、被圈養在農場的伊比利豬（可能是50%或75%或是 100％伊比利豬）。

　　而要吃火腿就要切火腿，切火腿還很講究，要切得薄如蟬翼，要切得直，切面要平整，每一片火腿大小要一致，擺盤要美觀。在西班牙還有「切火腿師傅」這個職業，專門切火腿。甚至還有切火腿比賽，在西班牙各地就有不少這樣的比賽，優勝者即可獲頒「金刀子」獎（Cuchillo de oro）！

2-6

飲食習慣

1	2	3

1　各式Montaditos，照片提供：西班牙旅遊局（©Instituto de Turismo de España-TURESPAÑA）。
2　放養在Dehesa牧地的伊比利亞黑蹄豬。
3　西班牙火腿。

橄欖油

　　西班牙是世界上種植橄欖樹面積最大的國家,有超過250萬公頃的橄欖園,是世界第一大橄欖油產國,品質卓越。橄欖油更是西班牙廚房不可或缺的食材,西班牙人做菜一定用橄欖油,而且大部分傳統的西班牙人都買冷壓初榨橄欖油(Aceite de oliva virgen extra y de extracción en frío),做沙拉用橄欖油,燉煮食物用橄欖油,煎烤食物也用橄欖油,有些菜烹煮之後還要再淋上橄欖油,甚至連油炸都用冷壓初榨橄欖油。

　　根據歐盟法規,西班牙的橄欖油分成以下幾個等級:

✤ 初榨橄欖油(Aceite de oliva virgen):低溫下透過機械或物理程序萃取,保存橄欖所含的必須脂肪酸、維生素,以及其他天然的健康元素。又分為:

❶ 特級初榨橄欖油(Aceite de oliva virgen extra):特優等級的橄欖油,有濃厚的橄欖果實香氣、味道和營養,酸度在0.8°以下[1],以感官測試沒有缺陷。

❷ 優質初榨橄欖油(Aceite de oliva virgen fino):優等級的橄欖油,酸度在2°以下,以感官測試有少許缺陷,生食的口感、味覺不佳。

❸ 非食用初榨橄欖油(Aceite de oliva virgen lampante):酸度超過2°,以前是拿來點燈用。

↑　　西班牙安達盧西亞地區的橄欖園,照片提供:復活節之路(Imagen cedida por Caminos de Pasión)。

2 - 6

飲食習慣

↑　　西班牙安達魯西亞地區的橄欖油，照片提供：復活節之路
　　（Imagen cedida por Caminos de Pasión）。

←　　受產地名稱制度保護的納瓦拉的橄欖油，照片提供：西班牙
　　拉瑪哈農莊（Imagen cedida por Agrícola La Maja）。

✣ **精煉橄欖油（Aceite de oliva refinado）**：利用化學或物理方式，以高溫、除色、除味的精製過程處理劣質初榨橄欖油，排除雜質，酸度雖沒超過0.3°，卻是沒有香氣、味道和營養價值的橄欖油。

✣ **普通橄欖油（Aceite de oliva）**：由精鍊橄欖油與初榨橄欖油混合而成，因為加入初榨橄欖油而有少許香氣、味道，酸度沒超過1°。

✣ **橄欖渣油（Aceite de orujo de oliva）**：橄欖果實在第一次壓榨後，經過化學精製加工後的產品，是品質最低的橄欖油，分成三種：

❶ 生橄欖渣油（Aceite de orujo de oliva crudo）：橄欖渣經過化學精製加工後的產品。

❷ 精煉橄欖渣油（Aceite de orujo de oliva refinado）：利用化學或物理方式，以高溫、除色、除味的精製過程處理劣質生橄欖渣油，排除雜質，酸度沒超過0.3°。

❸ 橄欖渣油（Aceite de orujo de oliva）：由精煉橄欖渣油與初榨橄欖油混合而成，因為加入初榨橄欖油而有少許香氣、味道，酸度沒超過1°。

＊1　是油裡面所含的游離脂肪酸的數量指標。

葡萄酒

西班牙是世界上種植葡萄面積最大的國家，有超過100萬公頃的葡萄園，超越義大利和法國，成為世界第一大葡萄酒產國，再加上擁有三千年的釀酒歷史，氣候溫暖少雨，因此能產出品質優異的葡萄酒。西班牙有69個受原產地名稱制度（Denominación de origen）保護的法定產區[*2]，其中最有名的是拉里奧哈（La Rioja）、杜埃羅河岸（Ribera del Duero）、佩內德斯（Penedés）、赫雷斯（Jerez）等。

拉里奧哈和杜埃羅河岸是西班牙最有名的葡萄酒產區，傳奇酒莊Vega Sicilia以及釀酒家西塞克（Peter Sisseck）的Dominio de Pingus酒莊都位在杜埃羅河岸這一區。另一位名釀酒家帕拉修斯（Álvaro Palacios）則來自拉里奧哈的釀酒世家，他在普里奧拉（Priorat）和畢爾佐（Bierzo）這兩產區釀出來的L'Ermita和La Faraona是現今西班牙最貴的葡萄酒之一。

當今西班牙最貴的幾款紅酒有：Pingus、Vega Sicilia、L'Ermita、La Faraona、Tesola Monja 2008、Clos Erasmus 2004等。

佩內德斯是西班牙最有名的汽泡酒Cava的產區。汽泡酒採用傳統香檳做法，先以製造葡萄酒的做法實施第一次發酵，發酵後加入精選酵母和少量的糖，裝瓶後再進行瓶內第二次發酵。在加泰隆尼亞語裡，Cava是讓酒液在恆溫處第二次發酵的「酒窖地洞」。第二次發酵過程中，裝瓶的葡萄酒平放，讓酵母自然發酵，產生的碳酸氣融解到酒中變為有氣泡的葡萄酒。第二次發酵後，裝氣泡酒的瓶子就

左　第二次發酵過程中，裝瓶的葡萄酒被平放。　　右　發酵後的殘渣逐漸集中到瓶口。

2-6

飲食習慣

左　雪莉酒的索雷拉陳釀系統，照片提供：加地斯省旅遊局
（Imagen cedida por Patronato Provincial de Turismo de
Cádiz）。
右　各種不同的雪莉酒，照片提供：加地斯省旅遊局（Imagen
cedida por Patronato Provincial de Turismo de Cádiz）。

傾斜倒放在木架上，定期轉動，讓發酵後的殘渣逐漸集中到瓶口，然後把瓶口冰凍，發酵殘渣就在瓶口結為一小塊冰。開瓶後，瓶內的壓力噴出殘滓，然後補上濃縮糖液[*3]、原本同一款的汽泡酒或是其他葡萄酒等，灌滿後封瓶就成為汽泡酒了。

　　雪莉酒（Jerez，英文sherry）有不同的顏色、香氣、甜度及酒精濃度，在搭配美食上有很多組合。產區則是赫雷斯區[*]，法定產區名稱全名為Jerez-Xérès-Sherry。雪莉酒使用一種特別的酵母，在葡萄汁的糖分被發酵殆盡後仍能繼續發酵，形成一片酵母薄膜（El velo de flor，又稱為酒花〔La Flor Del Vino〕）防止桶中酒液跟空氣接觸，屬於生物陳年。發酵後進行取樣和第一次分類，酒體輕顏色淡的可以拿來釀製fino、manzanilla[**]或amontillado；酒體粗顏色濃的可以拿來以氧氣陳釀製oloroso。接著是加烈過程，對不同類型的酒添加高酒精度的葡萄烈酒。如果要釀造fino、manzanilla或amontillado，加烈後的酒液填入橡木桶，並在橡木桶頂部留下兩個拳頭的空間給酵母薄膜成長，進行生物陳釀，進入特別的索雷拉陳釀系統（sistema de criaderas y soleras）。索雷拉陳釀系統是把新酒裝入堆疊好幾層的酒桶中，酒桶的排列是越上層的酒越新，越底層的酒越陳年。酒莊每年會從最底層（第一層）的酒桶中取出酒液裝瓶，再從第二層桶中取出酒液補上，接著從第三層桶中取出酒液補到第二層，這樣一來，不同陳年階段的酒液就會調配在一起。如果要釀造oloroso，要加烈至超過17度，進行氧化陳釀。雪莉酒又細分為以下幾種：

＊2　其中汽泡酒Cava不單純出現在某地理產區位置，是較為特別的原產地品稱保護制度。
＊3　加了糖導致口感上的差異，又分成不同的口感等級：絕乾（Brut Nature）、特乾（Extra Brut）、乾（Brut）、微甜（Extra Seco）、甜（Seco）、特甜（Semiseco）、絕甜（Dulce）。
＊　　正確來說，釀造區是介於赫雷斯、聖瑪莉亞港（Puerto de Santa María）和聖盧卡爾德巴拉梅達（Sanlúcar de Barrameda）這個三角地區。
＊＊　manzanilla只產於聖盧卡爾德巴拉梅達。

❖ **高度酒（Generosos）**：菲諾酒（Fino）、曼薩尼亞酒（Manzanilla）、阿蒙蒂亞朵酒（Amontillado）、俄洛多索酒（Oloroso）、帕羅科爾達多酒（Palo Cortado）。

❖ **高度烈酒（Generosos de licor）**：淡色奶油酒（Pale Cream）、中級酒（Medium）、克林姆雪利酒（Cream）。

❖ **自然甜酒（Dulces naturales）**：佩德羅希梅內斯（Pedro Ximénez）、麝香葡萄酒（Moscatel）。

菲諾酒跟曼薩尼亞酒不同的地方在於，曼薩尼亞酒只因為產於Sanlúcar de Barrameda，因該地土壤和風土條件不同，喝起來不一樣。

2008年之後西班牙官方將葡萄酒依據法定產區和釀酒標準分成三個等級：

❶ DOP（Denominación de origen protegida）：原產地名稱保護又細分為五種：法定產區酒（Denominación de Origen）、優質法定產區酒（Denominación de Origen Calificada）、優質產地酒（Vino de Calidad con indicación geográfica）、獨立產區酒（Vino de Pago）、優質獨立產區酒（Vino de Pago Calificado）。

❷ IGP（Indicaciones Geográficas Protegidas）：地理標示保護制度，在葡萄酒生產過程中，只要有一階段在其產區進行即可，不需要每個階段都必須在原產地進行，是指鄉村餐酒（Vino de la Tierra）。

❸ VINO DE MESA：普通餐酒。

另外，按陳年時間可以劃分為：

❖ **新酒（Vino Joven或是Vino del Año）**：葡萄酒沒有裝入桶中陳釀，製成後馬上裝瓶上市。

❖ **佳釀葡萄酒（Vino de Crianza）**：紅葡萄酒需要最少陳釀兩年，並且最少六個月在木桶內（在某些地區如拉里奧哈，要求置於橡木桶12個月），第三年才可上市。粉紅葡萄酒或白葡萄酒需要最少陳釀18個月，並且最少六個月在木桶內，第二年才可上市。

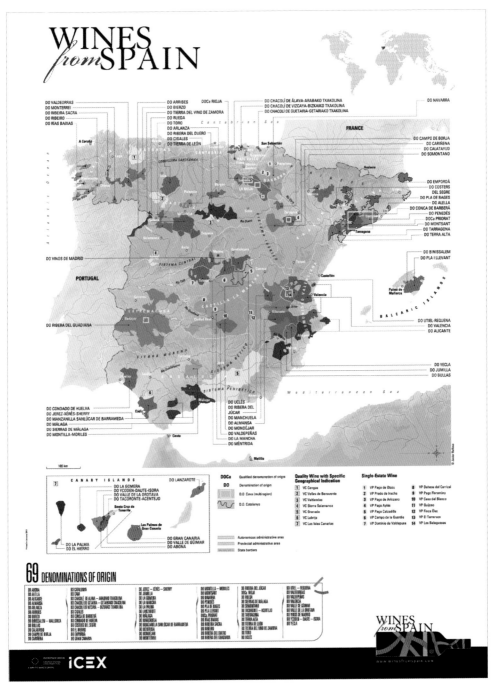

↑　西班牙受原產地名稱制度保護的葡萄酒法定產區，圖片提供：西班牙對外貿易發展局（Imagen cedida por ICEX）。

❖ **陳年佳釀葡萄酒（Vino de Reserva）**：紅葡萄酒需要最少陳釀三年，並且最少一年在木桶內，第四年才可上市。粉紅葡萄酒或白葡萄酒需要最少陳釀兩年，並且最少六個月在木桶內，第三年才可上市。

❖ **特級珍藏葡萄酒（Vino Gran Reserva）**：只有少數極好的年份才會釀造的等級。紅葡萄酒需要最少陳釀五年，並且最少一年半在木桶內，第六年才可上市。粉紅葡萄酒或白葡萄酒需要最少陳釀四年，並且最少六個月在木桶內，第六年才可上市。

↑　杜埃羅河岸的葡萄園，照片提供：卡斯提亞-雷昂旅遊局（Imagen cedida por Turismo de la Junta de Castilla y León）。

未發酵的葡萄酒：莫斯托（Mosto）

製造葡萄酒時要先把顆粒狀的完整葡萄壓碎，讓葡萄汁流出來，而這壓碎流出的「葡萄汁」就是Mosto，發音是「莫斯托」，可以說Mosto就是「未發酵的葡萄酒」，是製造葡萄酒的第一個步驟產生的「半成品」。能釀酒的葡萄除了有特定品種外，它的成熟度、甜度等都有其規定，所以Mosto和普通葡萄汁不同，跟tapas配起來很棒！

美食之城：聖塞巴斯提安

聖塞巴斯提安（San Sebastián）是個面積60平方公里、人口18萬的城市，卻是全球每平方公尺最多米其林餐廳的地方，堪稱星光閃耀。根據2015年米其林評鑑，有六家米其林一星餐廳、一家米其林兩星餐廳和三家米其林三星餐廳。這三家三星餐廳分別是主廚阿札克（Juan Mari Arzak）的Arzak餐廳，主廚蘇比哈納（Pedro Subijana）的Akelare餐廳，和主廚貝拉薩特吉（Martín Berasategui）的Martín Berasategui餐廳；其中貝拉薩特吉是米其林七星主廚，他在巴塞隆納開的Lasarte餐廳有米其林兩星，在特內里費（Tenerife）開的M.B餐廳也有米其林兩星。

左　聖塞巴斯提安的米其林餐廳的精緻美食，照片提供：聖塞巴斯提安旅遊局（Imagen cedida por San Sebastián Turismo）。

右　聖塞巴斯提安的主廚們為聖塞巴斯提安爭取成為歐洲文化城市，照片提供：聖塞巴斯提安旅遊局（Imagen cedida por San Sebastián Turismo）。

Buen provecho

通常，西班牙人和家人朋友一起用餐前會說一句「Buen provecho」，這是吃飯前的禮貌用語，就像我們中文說「請慢用」一樣，是「好好享用」的意思，用途廣泛，只要看到別人在用餐或準備用餐，都可以說這句話。

西班牙各地還有不同的語言，Buen provecho在加泰隆尼亞語和瓦倫西亞語就是「bon profit」。

網路上關於海鮮飯的中文資料說，「海鮮飯製作完成時須唸『bon profit』的咒語」，其實是不正確的！bon profit不是「咒語」，而是瓦倫西亞語，就是西班牙語的「Buen provecho」的意思。

西班牙的每日套餐

西班牙的餐廳一般提供的是三道式西餐，包括：一道前菜，主要是素食蔬菜類；一道主菜，主要是魚或肉；之後還有甜點和咖啡。如果到米其林餐廳吃Tasting Menu，則會有十幾道菜，例如我去吃過幾次的El Celler de Can Roca，一個全套的Tasting Menu吃下來，有4道開胃菜、11道主菜、3道甜點，之後是咖啡、茶，以及配咖啡的小甜食，總共18道菜（不包括咖啡、茶、小甜食），搭配14種酒，耗時四小時，用餐完畢不只酒足飯飽，還獲頒「證書」一張！

西班牙很多餐廳週一到週五午餐有便宜的每日套餐Menú或Menú del día，算是商業套餐。一份每日套餐大約在10-20歐元，含前菜、主菜、甜點、麵包、飲料（有些地方還包括咖啡），算是物美價廉，是節省餐費的好方式。不過，只在週一到週五的上班日的午餐時間才有，晚上、週末和假日則沒有。

星期四吃海鮮飯

許多西班牙的餐廳會在星期四把海鮮飯放到每日套餐的菜單上，至於為什麼，倒是眾說紛紜。

有人說，星期四是有錢人家的幫傭休息的日子，所以前一天先把東西準備好，女主人只要把配料、白米加上高湯就可以煮出海鮮飯，或是乾脆全家外食，餐廳

↑　　海鮮飯，照片提供：瓦倫西亞旅遊局（Imagen cedida por Turismo Valencia）。

為了吸引客人，把豐盛的海鮮飯放在菜單裡。

也有人說，星期天漁夫放假，星期一才捕魚。但是，只有沿海地區在星期一有現撈的海鮮魚獲，等到魚獲送到內陸，已是星期四了，所以餐廳就拿海鮮來煮海鮮飯。

又有一說，通常餐廳的週末生意最好，所以星期五是餐廳補貨、採購的日子。廚師趁星期四清冰箱，把剩下的東西煮成高湯，再把青菜、海鮮魚獲、白米加上高湯煮成海鮮飯。

還有一說，西班牙內戰後掌權的佛朗哥喜歡在星期四微服出巡，到馬德里的餐廳用餐，而他最喜歡的就是海鮮飯，所有馬德里的餐廳在星期四都做海鮮飯，以防佛朗哥突然駕臨。

如何點海鮮飯

Paella是指「燉飯」，燉飯有很多種，像是海鮮飯（Paella de marisco）、龍蝦飯（Paella de bogavante）、雞肉飯（Paella de pollo）、魚肉飯（Paella de pescado）、蔬菜飯（Paella de verduras），甚至還有海產山產飯（Paella Mar y montaña或Paella Mixta），也就是把海鮮、肉類、魚類通通丟進鍋裡燉飯。

道地的西班牙海鮮飯以我們東方口味來說，較鹹較硬，如果不習慣，可以在點菜時強調「少鹽、煮爛」（Poca sal, arroz pasado o muy blando.）。

海鮮飯最少要煮20分鐘，趕時間就別點海鮮飯。

要吃海鮮飯要到海鮮餐廳，別到便宜的路邊bar吃海鮮飯，這是給觀光客吃的，都是冷凍預煮食品。

海鮮飯的份量很大，通常六個人點三人份就很足夠了。

↖ ↑ 西班牙傳統菜市場裡的內臟和海鮮。

西班牙人也吃內臟

要了解一個國家的飲食，可從它的菜市場開始。

西班牙物產豐饒，可以說是歐洲的農場。菜市場有各色蔬菜水果和海鮮魚獲、豬、羊、牛、馬、雞、鴨、鵝，觀光客到西班牙的傳統菜市場，往往看得眼花撩亂。其中，最引人注目的大概就是各式內臟吧！

西班牙人沒有禁忌，各類牲畜的內臟都吃，在菜市場也可以看到販售牛腸、牛舌、豬肝、豬肚、羊腦、雞胗，甚至連牛鞭、牛睪丸都有。

馬德里式燉牛肚（Callos a la madrileña）、蒜煎羊肝（Hígado De Cordero Al Ajo）、滷牛尾巴（Rabo de ternera estofado）等，都是很有名的西班牙菜。

西班牙的素食

西班牙的蔬菜種類沒有台灣多，通常處理蔬菜的方式主要有三種：一是生吃，就是「生菜沙拉」，二是用水煮到爛黃，叫作「水煮蔬菜」，三是用烤的（烤到有點焦），稱為「碳烤蔬菜」。也就是說，傳統上沒有炒青菜。不過，現在有些西班牙廚師已學會快炒，還是有機會吃到炒青菜。

西班牙有很多人基於愛護動物而吃素。素食分兩種：vegetariano（英文的 vegetarianism）和 vegano（英文的veganism）。vegetariano的素食者吃青菜和雞蛋牛奶製品；vegano的素食者不吃任何動物來源的食物，連雞蛋牛奶製品都不吃。

但是對不少餐廳而言，吃素是指「不吃肉」，但「可以吃魚」，然而佛教的吃素是指「不吃肉、不吃魚、不吃蔥蒜等五辛」，所以為免服務生傳錯話，建議點餐時跟餐廳講清楚「我不吃肉，不吃魚，而且對大蒜洋蔥過敏」，一提到「過敏」，餐廳就會特別小心。

↑　西班牙菜市場的各式蔬菜。

西班牙的咖啡

咖咖啡不分季節，是西班牙人天天喝的民生必需品，常見的有：

✦ **只有咖啡跟水，不加任何其他東西**

❶ Café Solo（黑咖啡）：無指定用哪種咖啡機沖泡。

❷ Espresso（濃縮咖啡）：高壓咖啡機沖泡出來的黑咖啡。

❸ Café Largo（長黑咖啡）：拉長時間後的濃縮咖啡，濃度低，萃取率較Espresso高。

❹ Café Corto（短黑咖啡）：縮短時間後的濃縮咖啡，容量比Espresso少，味道更香濃，咖啡因比Espresso少。

❺ Café Solo Doble（雙份咖啡）

❻ Café con Hielo（冰咖啡）：咖啡加冰塊，咖啡廳給一杯黑咖啡，外加一個裝有冰塊的杯子，飲用者自己把糖加入咖啡，再把咖啡倒入裝有冰塊的杯子，不加牛奶，基本上是 DIY 的「冰濃縮咖啡」。

✦ **咖啡加水沖泡後，再加上牛奶，或奶泡、鮮奶油、煉乳**

❶ Cortado（濃縮拿鐵咖啡）：黑咖啡加一點牛奶（比黑咖啡淡、比拿鐵濃）。

❷ Café con Leche（拿鐵咖啡）：咖啡加牛奶，一半咖啡，一半牛奶，咖啡的味道比較濃。

❸ Café Bombón（煉乳咖啡）：黑咖啡加煉乳，亦稱Café Goloso或Café Biberón。

✦ **加上酒精類飲料的咖啡**

❶ Carajillo（卡拉希悠）：咖啡加上白蘭地或威士忌、茴香酒、渣餾白蘭地蘭姆酒等。

❷ Carajillo變化版：有的杯底先放一層煉乳，加上一層黑咖啡，再加上酒精類飲料；有的還加上奶泡等，因為比重不同，一杯咖啡有不同層次，看起來很美。

✦ **其他地區的特色咖啡**

❶ Málaga（馬拉加）：咖啡和牛奶的比例不同，而有不同的名稱。

← 馬拉加的Café Central
咖啡廳的牆上有各式咖
啡的名稱，照片提供：
Ignacio Clavero（Imagen
cedida por Ignacio
Clavero）。

❷ Belmonte（貝爾蒙特）：穆爾西亞和阿爾梅里亞兩地的特色咖啡，可以說是
Carajillo（卡拉希悠）和Café Bombón（煉乳咖啡）的組合。

❸ Cremaet（柯雷馬埃特）：瓦倫西亞地區的特色咖啡，在透明咖啡杯裡加入
蘭姆酒、糖、幾顆咖啡豆、檸檬片和肉桂，先加熱蘭姆酒後再點燃，最後加
入咖啡液和奶泡。

❹ Café Asiático（亞式咖啡）：穆爾西亞地區的特色咖啡，咖啡杯底下一層煉
乳，再加一點白蘭地和幾滴Licor 43利口酒，再加上一層黑咖啡，最後撒上
肉桂粉。

❺ Quemadillo de Ron（燃蘭姆咖啡）：拉里奧哈和那瓦拉地區的特色咖啡，在
透明咖啡杯加入蘭姆酒、糖和3顆咖啡豆，先加熱之後再點燃酒液，最後加
入咖啡及牛奶。

❻ Café del Soldado（士兵咖啡）：阿拉貢地區的特色咖啡，咖啡配君度酒和蘇
打水（或汽水）。

❼ Café Barraquito（巴拉基托）：加納利群島的特色咖啡，跟Café Asiático（亞
式咖啡）有點像，先在咖啡杯底下加一層煉乳，再加一點Licor 43利口酒，
再加一層黑咖啡，再加一層奶泡，最後撒上肉桂粉。

❽ Café del Tiempo（檸檬冰咖啡）：瓦倫西亞地區的特色咖啡，黑咖啡加冰塊
和檸檬片。

❾ Café Blanco y Negro（黑白咖啡）：瓦倫西亞地區的特色咖啡，是咖啡冰沙加
冰淇淋，常用的冰淇淋口味是蛋白霜牛奶，也可以用鮮奶油口味的冰淇淋。

↑　　西班牙的油條要配熱巧克力，是西班牙人冬天的最愛。

西班牙的油條

西班牙有類似油條的食物，叫作churros，算是季節食物。通常西班牙人只有在冬天吃churros，觀光客才一年四季吃churros，churros要配熱巧克力，西班牙人夏天習慣喝冷飲，所以churros是冬天吃的甜食。

基本上，在西班牙大部分的地方，細的油條叫作churros，粗的則是 porras。但是在某些地方，例如馬拉加最有名的咖啡館Casa Aranda，粗的油條則叫 churros。

西班牙最有名的churros老店則有：馬德里的Chocolatería San Ginés（地址：Pasadizo San Ginés, 5, 28013 Madrid）、Chocolaterias Valor（地址：Paseo de las Acacias, 25）、Churreria Siglo XIX（地址：Calle Santa Engracia, 41）、La Antigua Churrería（地址：Calle de Bravo Murillo, 190）、Málaga的Casa Aranda（地址：C/Herreria Del Rey 3）、Marbella的Churrería Ramón（地址：C/Valdes, 1 Plaza de los Naranjos）、Santander的Chocolatería Áliva（地址：Calle Daoíz Y Velarde, 7, 39003 Santander）和Palma de Mallorca的Can Joan de S'Aigo（地址：Carrer de Can Sanç, 10）。 ❧

{ CHAPTER 3 }

西班牙一年四季

領略歲月時令的節慶風情

「哪個季節最適合玩西班牙？」
「×月去西班牙有什麼活動可以體驗？」
是大家常問的問題。
事實上，西班牙一年四季都很好玩，
就連炎熱的七、八月也可以玩得非常盡興。
因為每個季節都有不同的景色、節慶、當季食物，
也有不同的玩法和不同的地方可以造訪。
西班牙一年四季都適合旅遊。

聖雅各伯節的煙火，照片提供：加利西亞旅遊局（Imagen cedida por Turismo de Galicia）。

1月 *Enero*

氣候

　　1月正值冬天，中部內陸氣溫較低，如果寒流來襲會下雪，室內均有暖氣。沿海地區較溫和。

　　必備：太陽眼鏡、雨傘、帽子、手套、厚圍巾、禦寒衣物、暖暖包。

風景

　　馬約卡島（Mallorca）的杏仁很有名，每年1月底、2月初，在馬約卡島可以看到一整片杏花海，是較少人知道的美景。

↑　　杏花海，攝影：Gaspar Monroig，照片提供：巴利阿里群島旅遊局（Imagen cedida por Agència de Turisme de les Illes Balears）。

節慶

※ 新年（Año Nuevo）

＊1月1日　＊慶祝城市：全西班牙
＊國定假日，商店和某些景點關門，部分餐廳照常營業

慶祝活動是在午夜，跨年迎新時順利把12顆葡萄在「最後一聲跨年鐘響」前吞下，許好願望，就是新年派對了！西班牙人夜生活豐富，年輕人在新年除夕玩通宵，不醉不歸，直到隔天早上七八點結束，吃完「熱巧克力配細油條」（Churros con Chocolate）早點才回家睡覺。

※ 三王朝聖遊行（Cabalgata de Reyes）

＊1月5日下午　＊慶祝城市：全西班牙
＊節慶，但不是假日，商店、景點、餐廳開門

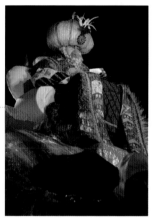

↑　三王朝聖遊行，照片提供：加泰隆尼亞旅遊局（Imagen cedida por Agència Catalana de Turisme）。

據《聖經・馬太福音》說，耶穌在伯利恆出生時，東方三王看見天上升起明星，探知了耶穌降生的方位，於是帶著禮物去朝聖。途經耶路撒冷，跟希律王提到猶太人之王誕生的事。希律王生怕耶穌搶了自己的王位，假意派遣東方三王去尋訪耶穌，找到便回來報信。東方三王長途跋涉，1月6日清晨走到耶穌誕生之地，朝見救世主，獻上黃金、乳香和沒藥這三樣禮物。但是，東方三王在夢中被主指示不要回去見希律王，所以就從別的路回家。希律王因為不知耶穌聖嬰去向，便下令殺死伯利恆城內及其附近所有兩歲以內的男孩。

因此，西班牙人在1月6日清晨送聖誕禮物。每年1月5日下午，化妝成傳說中的三位東方國王及其侍從在各大小城鎮主要街道遊行，撒糖果和汽球給在街上觀看的孩子。各地市政府的官網都有三王朝聖的遊行路線。

✳ 三王節（Día de Reyes）

＊1月6日　＊慶祝城市：全西班牙

＊國定假日，商店和某些景點關門，大部分餐廳照常營業

　　《聖經》沒有記載耶穌誕生的日期，也沒有三王來朝的日期。根據原始民間信仰，人們在12月25日慶祝冬至，在1月6日慶祝「日照時間增長日」。後來，教會以天主教的節慶來取代在教外流行的民俗或異教節慶，定12月25日為聖誕節，1月6日為主顯節（Epifanía），慶祝耶穌降生後首次顯露在外邦人（東方三王）眼前。按照西班牙傳統，1月6日是耶穌聖嬰收到禮物的日子，所以也是送聖誕禮物的日子。家長會先買卡片或信紙，讓小孩寫下自己一年來的表現，以及希望得到的禮物，然後把這些給東方三王的信投到專門為小朋友設立的郵筒。到了1月6日，乖小孩有禮物拿，不乖的只能收到木炭黑糖（carbón de caramelo）。

　　1月6日「三王節」那天，應景的糕點是Roscón de Reyes。雖然是以水果或果乾裝飾的普通蛋糕，但麵包店會在糕點上擺個紙皇冠，糕點裡則藏有小東西，吃到的人一整年會好運不斷。在某些地區，還會藏一個扁豆（haba）和一個國王（rey），吃到扁豆的人要請吃Roscón de Reyes糕點，吃到國王的則可戴上紙皇冠。

↑　三王節的應景糕點
　　Roscón de Reyes。

✳ 聖安東尼節（San Antonio Abad）

＊1月17日　＊慶祝城市：全西班牙

＊不是國定假日，商店、景點、餐廳開門

　　據說聖安東尼生前很喜歡動物，曾經顯過神蹟，醫治過不少生病的動物，所以被奉為動物的主保聖人（守護聖人）。每年的聖安東尼節，全世界的信徒都會帶著家裡的動物在這一天到教堂祈福，所以這不是西班牙特有的節慶。

　　在西班牙各地，1月17日前後均有不同的聖安東尼節慶祝活動，最有名的是瓦

倫西亞自治區的卡納爾斯（Canals）城鎮。在卡納爾斯，聖安東尼節從1月16日起一連慶祝三天，慶祝活動包括有花車、舞會、音樂會、遊行、篝火等，其中以篝火最特別，鎮民從12月7日開始在廣場堆木柴，越疊越高，到了1月15日就會疊成美麗的錐形柴堆，最後在16日夜間點燃。這個柴堆非常巨大，曾在1991年被金氏世界紀錄列為為世上最大木柴篝火，每年高度不同，最少有17-18公尺高，最高超過20公尺。

伊圖練和蘇比耶塔的狂歡節（Carnaval de Ituren y Zubieta）

＊1月最後一個星期一和星期二

＊慶祝城市：納瓦拉（Navarra）省的伊圖練（Ituren）和蘇比耶（Zubieta）

＊不是國定假日，商店、景點、餐廳開門

↑　伊圖練和蘇比耶塔的狂歡節，攝影：Javier Campos，照片提供：納瓦拉旅遊局（Imagen cedida por el Archivo de Turismo "Reyno de Navarra"）。

　　參與節慶的人稱為Joaldunak，頭戴彩色錐形帽，身披羊皮，腰穿襯裙，腳繫橡膠鞋，肩背牛鈴，是這個特別的狂歡節慶祝活動的主角。

　　在1月的最後一個星期一，蘇比耶塔（人口三百多的小鎮）的Joaldunak從自己的小鎮出發，走三公里到伊圖練（人口五百多的小鎮），跟伊圖練的Joaldunak匯合，在伊圖練遊行。隔天，伊圖練的Joaldunak從自己的小鎮出發，走三公里到蘇比耶塔，與蘇比耶塔的Joaldunak匯合，在蘇比耶塔遊行，用鈴聲來驅走惡靈，叫醒大地，宣告狂歡節和春天的來臨！

↑　參與狂歡節的人從一個小鎮走到另個小鎮，攝影：Luis Azpilicueta，照片提供：納瓦拉旅遊局（Imagen cedida por el Archivo de Turismo "Reyno de Navarra"。

當季美食

　　朝鮮薊（Alcachofas）是一種在地中海沿岸生長的菊科菜薊屬植物，花蕾有股甘甜味，可以入菜，有不少做法。

　　冬天是小橘子的季節，皮薄汁多，好吃又便宜。基本上有兩種，一種叫作mandarina，另一種叫作clementina，後者比前者小一點，沒有籽，也比較甜。西班牙小橘子跟柳橙一樣，最著名的產地都是瓦倫西亞。

↑　菜市場上的朝鮮薊和小橘子。

購物

依照西班牙的慣例，每年1月1日是漲價日，電費、水費、火車票、地鐵票、高速公路過路費、機場稅、計程車費、垃圾費、清潔費、停車費等都或多或少漲一點，所以，西班牙人用「1月的陡坡」（La cuesta de enero）來形容「度過聖誕假期後緊縮的1月，就像是攀爬陡坡一樣困難」。而冬季的打折就成為西班牙家庭減輕負擔的好時機！

西班牙冬夏兩季各有一次清倉打折，冬季清倉打折是從1月7日送完聖誕禮物後正式開始。

認真的西班牙人會在打折前做功課，先到處尋訪自己喜歡的衣服、鞋子，挑好後一一試穿適合自己的尺碼，然後記住看上的衣物是放在哪家店的哪個角落，好在打折那天下手。到了打折那一天，準時十點進店，衝到已預知的角落，拿起看上的衣物，直接到櫃台結帳。

↑　　打折季節時商店的廣告。

不過，許多沒做功課的西班牙人另有一套「買打折便宜貨」步驟。

打折那一天到處看看逛逛，看到喜歡的，直接把差不多的尺碼拿兩三件（雙），如果穿36號的衣服，就拿34號、36號、38號，不排隊試穿，直接到櫃台付款，回家再慢慢試穿，把「要留下來的」和「要退還的」篩選一番，再拿回店裡退貨。通常在西班牙買東西，15天內可以退貨。有些店家可以直接退錢，有些店家只可以換貨品，購買前要先問清楚。

旅遊

1月和2月算是西班牙的旅遊淡季，有些景點會趁機整修或維修。這時觀光客較少，進景點不需排隊，不用人擠人，可以好好享受難得的清淨。　 ✎

2月 *Febrero*

↑　塞維亞的苦橘，照片提供：安達魯西亞旅遊局
（Imagen cedida por Turismo de Andalucía）。

氣候

　　2月仍是冬天，中部內陸氣溫較低，如果寒流來襲會下雪，室內均有暖氣。沿海地區較溫和。

　　必備：太陽眼鏡、雨傘、帽子、手套、厚圍巾、禦寒衣物、暖暖包。

香味

　　塞維亞以苦橘為行道樹，開花時芬香清新，結果時滿樹都是苦橘。每年2月初在塞維亞的街頭可以聞到橘子香。塞維亞市政府在此時採收苦橘，每年將近一百萬公斤。苦橘太酸太苦澀，無法食用，但可以拿來做果醬、甜酒、巧克力、精油和香水的原料。塞維亞的苦橘醬（Seville Orange Marmalade）大名鼎鼎，連英國女皇都喜愛，最近這幾年英人牌琴酒（Beefeater）還是塞維亞苦橘的大買主，因為塞維亞苦橘也是製作琴酒的原料。

節慶

狂歡節（Carnaval）

＊2月或3月，持續約一星期　＊慶祝城市：全西班牙

＊有幾天在某些地方是地方假日，例如西南部濱海城市加地斯（Cádiz）和加
　那利群島的一些城市，商店關門，部分景點、餐廳開門

＊官網：http://carnavaldetenerife.com/、http://www.lpacarnaval.com/

　　這個狂歡節是在大齋期（Cuaresma，亦稱「四旬期」）之前舉行的天主教慶典，前身是酒神節或農神節，也就是「趁著大齋期來臨之前趕緊飲酒作樂」，人們會化裝打扮巡遊慶祝，狂歡一番，直到大齋期為止。

　　西班牙和威尼斯的狂歡節都是以化妝裝扮來慶祝，但是西班牙的裝扮比較現代化、平民化，比較像是美國的萬聖節。所以在狂歡節期間造訪西班牙可以看到化裝成各種電影、神話、古代人物的店員、路人和小朋友，跟著大家巡遊慶祝、飲酒作樂。

↑　特內里費的狂歡節，攝影：Sergio Montesino，照片提供：特
　內里費旅遊局（Imagen cedida por Turismo de Tenerife）。

1		
2	3	4

1　大加那利的狂歡節，攝影：PROMEDIA，照片提供：加那利群島旅遊局（Imagen cedida por Turismo de Andalucía）。

2　加地斯的狂歡節，照片提供：安達魯西亞旅遊局（Imagen cedida por Turismo de Andalucía）。

3　Verín鎮的狂歡節人物，照片提供：加利西亞旅遊局（Imagen cedida por Turismo de Galicia）。

4　Xinzo de Limia鎮的狂歡節人物，照片提供：加利西亞旅遊局。

　　某些城鎮用面具來慶祝狂歡節，但跟威尼斯的面具不同。最有名的例子是Verín鎮跟Xinzo de Limia鎮的狂歡節面具，這兩個加利西亞地區小鎮都有特定造型的狂歡節人物，在Verín叫作Cigarrón，在 Xinzo de Limia則叫los Pantallas。

　　最盛大慶祝狂歡節的大城市是加納利群島的特內里費的聖十字（Santa Cruz de Tenerife）、大加納利的拉斯帕爾馬斯（Las Palmas de Gran Canaria），以及加地斯。此外，Águilas、Badajoz、Xinzo de Limia、Herencia、La Bañeza、Miguelturra、Villarrobledo、Verín等小城鎮的狂歡節慶祝活動也很特別。

❋ 聖灰星期三（Miércoles de Ceniza）
＊2月或3月　＊慶祝城市：全西班牙
＊不是國定假日，商店、景點、餐廳開門

　　狂歡節的最後一天有個「埋葬沙丁魚」（Entierro de la sardina）的儀式，大家在聖灰星期三這天組成一個「送葬隊伍」，化裝遊行，把一條象徵性的魚用「火葬」的方式燒掉，以表示燒盡大家在狂歡節期間的惡習，埋葬放蕩狂歡，迎接禁食刻苦的大齋期。

✳ 伊莎貝爾的婚禮（Las Bodas de Isabel de Segura de Teruel）

✳2月中，通常是情人節後的星期四到星期天

✳慶祝城市：特魯埃爾（Teruel）

✳不是國定假日，商店、景點、餐廳都有開門

✳官網：http://www.bodasdeisabel.com

特魯埃爾戀人是西班牙版羅密歐與茱麗葉，衍生出特別的節慶：伊莎貝爾的婚禮。與其說是慶典，不如說是結合戲劇和中世紀節的節慶，每年2月第三個週末，整個城市彷彿穿過時光隧道，化裝成中世紀人物，回到中世紀時期，廣場、塔樓、城牆到處是旗幟和騎士領主的標記，當然也有人裝扮成特魯埃爾戀人：伊莎貝爾（Isabel de Segura）和迪耶戈（Diego de Marcilla），在街頭上演特魯埃爾戀人的故事。

↑　伊莎貝爾的婚禮，最後的吻，照片提供：伊莎貝爾的婚禮基金會（Imagen cedida por Fundación Bodas de Isabel）。

↑　　伊莎貝爾的婚禮，葬禮，照片提供：伊莎貝爾的婚禮基金會。

← 　烤大蔥。

當季美食

每年2月和3月，加泰隆尼亞地區有一樣特別的時菜：烤大蔥（Calçot）。它比我們平常吃的蔥粗一點，蔥頭和一整隻蔥差不多大小，長度大約有20公分，不辛辣。

Calçot的做法是用烤的。吃法則是先圍上專用紙圍巾，用手抓住Calçot上方沒有烤焦的部分，再剝掉焦黑的外皮，拉出中間熱騰騰的蔥芯，沾上Salsa Romesco醬[4]，最後把Calçot高高舉起，抬起頭對著它底部咬下去。通常吃Calçot時，可搭配Butifarra香腸、羊肉、牛肉、豬肉等肉類一起享用。

購物

2月已到打折季的尾聲，如果找得到適當的尺碼，可以撿到很多便宜貨。而且適逢情人節，仍有不少相關商品如香水、性感內衣等還有特價。通常春裝在2月上市，如果臨時要買禦寒衣物，可能只剩下零碼，或是體育用品店的滑雪裝備。

旅遊

2月到5月底是歐洲學校旅遊的季節，這期間的西班牙美術館和博物館往往擠滿一團團青少年。

＊4　Salsa Romesco醬是加泰隆尼亞人常用的醬料，可以配烤蔬菜、魚和海鮮，也可以配烤肉。做法是用磨碎的烤番茄、烤大蒜、烤麵包、烤乾紅椒，加入磨碎的杏仁、榛果，再加上橄欖油、醋、鹽和胡椒而成。

3月 *Marzo*

氣候

　　中部內陸屬冬末，氣溫較低，早晚溫差很大。沿海地區較溫和，南部已屬春初，白天太陽底下可以穿短袖。

　　必備：太陽眼鏡、雨傘、圍巾、洋蔥式穿法的衣物

景色

　　西班牙的田野出現紅色的虞美人花（amapola）點綴在綠草茵之間，洋溢春天的氣息。

　　3月底、4月初，在埃斯特雷馬杜拉（Extremadura）自治區、卡薩雷斯省（Cáceres）的黑爾特谷（Valle del Jerte），滿山滿谷的150萬株櫻樹開滿白色櫻花，成為壯觀的櫻花海。這段期間還有櫻花節（Fiesta del Cerezo en Flor），讓黑爾特谷成為西班牙人春天踏青的首選地。

1　2　｜　3　　　1.2　黑爾特谷的櫻花海，攝影：Angel Vicente Simón Tejeiro，照片提供：黑爾特谷旅遊局
　　　　　　　　　（Imágenes cedidas por Oficina Comarcal de Turismo - Mancomunidad Valle del Jerte）。

　　　　　　　3　　法亞，照片提供：瓦倫西亞旅遊局（Imagen cedida por Turismo Valencia）。

節慶

※ 非物質文化遺產: 火節（Las Fallas）

*3月15-19日　*慶祝城市：瓦倫西亞

*3月19日是當地假日，商店關門，部分景點、餐廳開門

　　火節是為了紀念木工主保聖人聖若瑟，也含有春天除舊布新的意味。最早是將舊家具和舊東西拿來燒，流傳至今已成為另類的狂歡嘉年華。事實上，火節正式從2月的最後一個星期日、一個叫作la Crida的儀式開始。在這個儀式裡，市長把城市之鑰交給那一任的法亞小姐[5]，由她歡迎大家參與火節。從3月1日到19日每天下午兩點都會放持續五分鐘的火節鞭炮（Las Mascletàs）。3月15日是放置巨大人偶的日子，叫作Plantá[6]，從3月16日早上，街頭就布滿各種稱為法亞的巨大人偶（Las Fallas grandes），題材取自時下的人物或社會現象問題，極具諷刺性及幽默感，而兒童人偶則以童趣的卡通造型為主。3月19日夜間，這些法亞將在燈光秀、煙火和音樂中燃燒於熊熊烈火裡，不過在節慶期間由大家投票選出來的一個人偶不會燒掉，而會收藏在人偶博物館（Museo Fallero de Valencia）。另外，節慶期間大家還穿上傳統服飾向聖母獻花，五萬花束用作聖母高達十幾公尺的衣飾，非常特別。

*5　現在選法亞小姐（Fallera Mayor）就像選美比賽一樣，要穿上昂貴的瓦倫西亞傳統服裝，梳著傳統頭髻來競選，分為「成人組」（Fellera）及「兒童組」（Fellera Infantil），選出13位，第一名是法亞小姐，其餘是她的仕女群（Corte de Honor）。火節期間，這26位大小法亞小姐是慶典的代言人，會參與各式活動。

*6　兒童人偶（falla infantil）則在3月14日放置。

1
2 | 3

1　燃燒法亞，照片提供：瓦倫西亞旅遊局
（Imagen cedida por Turismo Valencia）。

2　向聖母獻花，照片提供：瓦倫西亞旅遊局
（Imagen cedida por Turismo Valencia）。

3　阿維拉的聖枝主日，照片提供：卡斯提亞-
雷昂旅遊局（Imagen cedida por Turismo
de la Junta de Castilla y León）。

3-3

3
月

聖週（La Semana Santa）

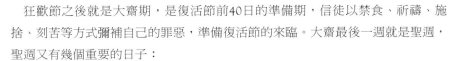

＊3月或4月，持續一週　＊慶祝城市：全西班牙

＊其中兩天是假日，商店關門（有些地方在聖週星期四和星期五放假，有些地方在聖週星期五和復活節星期一放假），部分景點、餐廳開門

狂歡節之後就是大齋期，是復活節前40日的準備期，信徒以禁食、祈禱、施捨、刻苦等方式彌補自己的罪惡，準備復活節的來臨。大齋最後一週就是聖週，聖週又有幾個重要的日子：

✢ **聖枝主日（Domingo de Ramos）**，聖週的第一天。根據《聖經》記載，耶穌在這天騎驢入耶路撒冷，民眾持棕櫚樹枝歡迎。現在這一天，大家都買棕枝到座堂祈福，認為「加持」過的棕枝擺在家裡是求福避凶的吉物，可以為家人帶來好運。

✢ **聖週星期四（Jueves Santo）**，紀念最後的晚餐。

✢ **聖週星期五（Viernes Santo）**，紀念主受難日。

✢ **主復活日（Domingo de Pascua）**，耶穌死後第三天復活的日子。

✢ **復活節星期一（Lunes de Pascua）**，復活節星期日後的第一天。

復活節是每年春分月圓後第一個星期日，所以這些節慶的日子每年都不一樣！

　　在這期間西班牙最有名的節慶活動就是聖週遊行（Procesión de la Semana Santa）。各個宗教社團的信徒穿著教會團體特有的服飾，頭戴圓錐帽（capirote 或capuchón），身著寬大的袋狀貫頭衣，外披披肩，腰際綁繩子，有的還手持不同顏色的長蠟燭，扛著聖母及基督像在廣場及主要街道遊行。

　　這種用圓錐帽罩住面貌的服飾起源於宗教審判，當時受審的異教徒必須穿著罩住胸背的衣物，頭戴圓錐帽，以示和好聖事（Penitencia，英文Sacrament of Penance）。後來的教徒就在聖週遊行時以圓錐帽罩住面貌，代表懺悔贖罪。

　　除了傳統的「抬神轎」聖週遊行，有些地區還有特別的聖週活動：

✤ **鼓樂活動**：在某些城鎮，鼓樂活動也是聖週慶典的一部分，例如埃林、穆拉及卡蘭達，全城人不斷打鼓，鼓聲讓聖週節慶多了一股獨特氣氛。

✤ **馬拉加的西班牙軍團**：從聖枝主日這天開始，西班牙軍團就守護著基督雕像，叫做Cristo de la Buena Muerte，並在聖週星期四抬著基督雕像遊行，讓馬拉加聖週達到高潮。西班牙軍團守護基督雕像時還有交接儀式，成為馬拉加聖週的特色。

✤ **洛爾卡（Lorca）的「羅馬週」**：洛爾卡的聖週很「羅馬」，除了抬著聖母和耶穌像遊街，還有「聖經遊行」，直接把《聖經》故事搬上街頭，有摩西、戰馬車、凱撒大帝的花車遊行等。

✤ **貝爾赫斯（Verges）的聖週星期四**：晚上有個從中世紀沿襲至今的習俗：死亡之舞（Dansa de la Mort），由十個裝扮成骷顱的人隨著鼓聲跳舞，據說是源於紀念死於黑死病的人們。

當季美食

3月是蘆筍盛產的季節，西班牙人會趁著春天全家踏青的時候去採蘆筍，沒機會下鄉的人，也可以在菜市場買到新鮮蘆筍。

3月也是草莓盛產的季節，一顆顆又大又紅的草莓可以在市場買到，但在產季初期還帶點酸，西班牙人吃的時候會再撒點糖或是加上鮮奶油。

大齋期間不能吃肉，為了補充蛋白質，大家把「不能吃肉」解釋為「不能吃有血的動物」，因此可以吃魚。自古以來就以方便保存和運送、用海鹽醃過的大西洋鱈魚（Bacalao en salazón）為大齋期的應景食物，不論沿海或內陸都有各式鱈魚料理，有香煎、焗烤、加番茄燉的，也有加生菜當沙拉，烹煮前先用水浸泡24到48小時，把鹽分泡出來（這個過程叫作el desalado），然後按照一般魚類的方式烹煮，味道和我們常見的鹹魚不同。

| 1 | 2 | | 4 | 5 | 6 |
| 3 | | | | 7 | |

1.2　大西洋鹹鱈魚及其去鹹過程。
3　　又紅又大的草莓。
4　　大齋期應景甜點Buñuelos。
5　　巧克力裝飾的糕點。
6　　復活節應景甜點Mona de Pascua。
7　　Torrijas de Semana Santa，照片提供：
　　　拿福西台貿易行。

　　加泰隆尼亞地區在大齋期間還有一道應景甜點Buñuelos，堪稱西班牙甜甜圈，比普通甜甜圈更柔密鬆軟，是用麵粉、牛奶、奶油和雞蛋做成的麵團油炸而成。

　　西班牙聖週應景的甜點是Torrijas de Semana Santa，是沾牛奶（以白葡萄酒、檸檬皮或是肉桂調味）裹蛋去油炸的麵包或吐司，吃的時候加上蜂蜜或糖粉。據說，光是馬德里的糕點店在聖週期間就賣掉近30萬公斤的Torrijas de Semana Santa！

　　穆爾西亞、瓦倫西亞、加泰隆尼亞、阿拉貢和卡斯提亞-拉曼恰地區的復活日應景糕點則是Mona de Pascua，是一種用水煮雞蛋裝飾的糕點。後來在加泰隆尼亞地區漸漸演變成用巧克力裝飾的糕點，有城堡、足球場、卡通人物等造型。

購物

　　這時候冬裝的打折已結束，商店的春、夏裝已全面上市。

旅遊

　　每年3月到4月的復活節假期，西班牙各景點都有很多觀光客，是旅遊旺季，所以，不想排隊買門票的人要先上網預約。

4月 *Abril*

氣候

中部內陸是多變的初春，早晚溫差很大。沿海地區較溫和。南部已屬春天，白天太陽底下可以穿短袖。

必備：太陽眼鏡、防曬裝備、雨傘、圍巾、洋蔥式穿法的衣物

香味

很多西班牙城市以苦橘當行道樹，4月是橘花盛開的季節，整個城市沉浸在花香中，大街小巷都彌漫著淡淡清香，讓人有種滿滿的幸福感。Azahar一字即指「橘花的香味」，是要親身體驗才能真正了解的香味！

節慶

聖喬治節（Sant Jordi）

＊4月23日

＊慶祝城市：加泰隆尼亞地區

＊節慶，不是假日，商店、景點、餐廳開門

聖喬治是加泰隆尼亞地區的主保聖人，他的忌日4月23日是聖喬治節。從15世紀起，在這一天送玫瑰花就成為加泰隆尼亞地區的習俗。騎士向前往

聖喬治教堂做彌撒的女士獻上玫瑰花，因此這天漸漸成為當地的情人節，男士向愛慕的女士獻上包裝好的紅玫瑰和麥穗，紅玫瑰代表愛和友誼，麥穗象徵多產。

　　這一天也和文學有關。4月23日是塞萬提斯和莎士比亞的忌日，也是不少名作家的生日或忌日。早在1926年，西班牙國王就定這一天為「書節」（Día del Libro）。1976年起，西班牙文學界的最高榮譽「塞萬提斯獎」（Premio Miguel de Cervantes）更在這一天頒授。1995年，聯合國教科文組織也定這天為「世界圖書與版權日」（World Book & Copyright Day）。

　　後來加泰隆尼亞人便將玫瑰和書結合，以「男士送女士一朵紅玫瑰，女士送男士一本書」來慶祝聖喬治節。每年4月23日，加泰隆尼亞的大街小巷都擺滿賣花和賣書的攤位，擠滿買花買書和看熱鬧的人，連糕餅業也為這一天設計出帶有加泰隆尼亞旗幟顏色的聖喬治糕點和麵包，宣揚一下加泰隆尼亞的民族主義。

　　這一天，平時門禁森嚴的巴塞隆納藝文協會（Ateneu Barcelonès）、巴塞隆納市政府和加泰隆尼亞自治區政府等機關全都開放參觀。

1		1	盛開的橘花。
2	3	2	聖喬治節的書攤。
		3	聖喬治節的紅玫瑰。

摩爾人和天主教人節（Moros y Cristianos）

＊4月底或5月初，持續三天　＊慶祝城市：阿爾寇伊（Alcoy）

＊當地假日，商店關門，部分景點、餐廳開門

　　這是紀念聖喬治的節慶。據說在1276年4月23日聖喬治節那一天，摩爾人大舉進攻阿爾寇伊城，後來因為聖喬治的幫助，天主教人才能戰勝摩爾人，所以聖喬治被封為阿爾寇伊的主保聖人。16世紀起，大家就在4月22-24日打扮成中世紀摩爾戰士和天主教戰士的模樣來慶祝摩爾人和天主教人節。後來為了跟聖週錯開，方便大家參與，便在4月底或5月初選個週末，以重現當年戰役的方式來慶祝這個一連三天的節慶。

1	2
	3

1-3　摩爾人和天主教人節，照片提供：阿爾寇伊旅遊局
（Imágenes cedidas por Tourist Info Alcoy）。

1	2
3	4

1.2　穿著傳統服飾參與四月春會，照片提供：西班牙旅遊局（©Instituto de Turismo de España-TURESPAÑA）。

3　四月春會的騎士喝著雪莉酒，照片提供：塞維亞旅遊局（Imagen cedida por Turismo de Sevilla）。

4　大家在露天咖啡座悠閒地享受陽光。

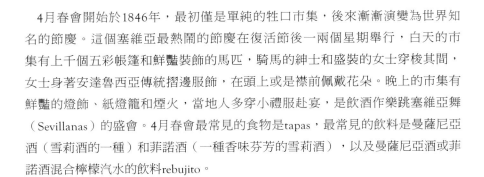

❋ 4月春會（Feria de Abril）

＊4月或5月，持續約一週　＊慶祝城市：塞維亞

＊其中一天是當地假日，商店關門，部分景點、餐廳開門

　　4月春會開始於1846年，最初僅是單純的牲口市集，後來漸漸演變為世界知名的節慶。這個塞維亞最熱鬧的節慶在復活節後一兩個星期舉行，白天的市集有上千個五彩帳篷和鮮豔裝飾的馬匹，騎馬的紳士和盛裝的女士穿梭其間，女士身著安達魯西亞傳統摺邊服飾，在頭上或是襟前佩戴花朵。晚上的市集有鮮豔的燈飾、紙燈籠和煙火，當地人多穿小禮服赴宴，是飲酒作樂跳塞維亞舞（Sevillanas）的盛會。4月春會最常見的食物是tapas，最常見的飲料是曼薩尼亞酒（雪莉酒的一種）和菲諾酒（一種香味芬芳的雪莉酒），以及曼薩尼亞酒或菲諾酒混合檸檬汽水的飲料rebujito。

當季美食

　　天氣開始轉好，大家開始享受露天咖啡座的陽光，喝著咖啡、飲料或葡萄酒，搭配tapas、pintxos（pinchos）、montaditos等小菜。

購物

　　春、夏裝已上市，泳裝和草編鞋已開始出現在某些商店的櫥窗裡。

旅遊

　　旅遊旺季開始，建議先上網預約景點門票。✎

5月 *Mayo*

氣候

中部內陸是多變的春天，早晚溫差大。沿海地區較溫和，南部已屬春末夏初。

必備：太陽眼鏡、防曬裝備、帽子、雨傘、圍巾、洋蔥式穿法的衣物

節慶

✺ 非物質文化遺產：庭園節（Patios de Córdoba）

＊5月初，持續11-14天　＊慶祝城市：哥爾多巴（Córdoba）

＊節慶，不是假日，商店、景點、餐廳開門

＊官網：https://patios.cordoba.es/

因為氣候的關係，哥爾多巴的建築自古就以庭園（中庭）為住宅的中心，庭園內有噴泉或水井，以及妊紫嫣紅的茂盛繁花。1918年起，哥爾多巴市政府就在

每年5月初舉辦庭園比賽和鐵窗及陽台比賽，參加比賽的庭園（中庭）都對外開放，家家戶戶花團錦簇的庭園讓整座城市淹沒在花海裡。直到現在，為期十幾天的庭園節是庭院開放參觀、供人觀賞的日子，也是當地居民和親友以庭園為中心吃喝玩樂、唱歌跳佛朗明哥舞的節慶。

❋ 馬節（Feria del Caballo）

＊5月初，持續約一週　＊慶祝城市：赫雷斯
＊節慶，不是假日，商店、景點、餐廳開門

馬節在塞維亞的4月春會之後一週舉行，始於13世紀的馬匹市集，現在是赫雷斯最重要的節慶。除了有各式馬術比賽、馬術表演、馴馬、馬匹買賣，還有上百名騎馬或駕著馬車的騎士，騎馬時穿著短裝，如不騎馬，女士則穿安達魯西亞傳統摺邊服飾。以俄羅洛索酒（Oloroso，雪莉酒的一種）和菲諾酒為主要飲料，佛朗明哥舞則是不可少的慶祝活動。

1	3
2	4　5

1　哥爾多巴花團錦簇的庭園，照片提供：安達魯西亞旅遊局（Imagen cedida por Turismo de Andalucía）。

2　庭院節，照片提供：安達魯西亞旅遊局（Imagen cedida por Turismo de Andalucía）。

3-5　赫雷斯的馬節，照片提供：加地斯省旅遊局（Imágenes cedidas por Patronato Provincial de Turismo de Cádiz）。

🎇 非物質文化遺產：酒馬節（Caballos del Vino）

＊5月1-5日
＊慶祝城市：卡拉卡瓦德拉克魯茲（Caravaca de la Cruz）
＊節慶，5月1-4日是假日，商店關門，餐廳營業
＊官網：https://caballosdelvino.org/

　　根據傳說，這個節慶起源於13世紀。當時卡拉卡瓦德拉克魯茲屬於聖殿騎士團的領地，伊斯蘭軍隊包圍該城城堡，避難於城堡的居民沒有飲水，只好趁著夜色去找水源，想不到附近的水泉和河流都被投毒，無法飲用，最後找到些葡萄酒，騎士就馬鞍前掛兩袋酒，馬鞍後再掛兩袋酒，牽著馬飛快衝破敵人包圍，回到城堡。這幾袋得來不易的葡萄酒被祝聖後，酒精奇蹟般消失，病人喝下也立即痊癒。

　　後來為了紀念這事件，就有了酒馬節，在5月2日這天盛大慶祝當年的壯舉。現在的酒馬節在每年5月1-5日於卡拉卡瓦德拉克魯茲舉行，大家穿白衣繫紅領巾。節慶活動以賽馬為主，以金線刺繡的斗篷來裝飾馬匹，舉行各種遊行和賽馬。5月1日以無鞍賽馬開始；5月2日是酒馬節的大日子，按照傳說的路線運葡萄酒到城堡的「載酒賽馬」；5月3日有小朋友扮摩爾人與天主教人爭戰的遊行；5月4日有摩爾人與天主教人爭戰的遊行；5月5日則是閉幕遊行。

🎇 聖依西多祿節（Fiestas de San Isidro）

＊5月15日前後約一週　　＊慶祝城市：馬德里
＊5月15日是當地假日，商店關門，部分景點、餐廳開門
＊官網：http://www.sanisidromadrid.com/

　　西班牙有兩個聖依西多祿，一個是塞維亞的聖依西多祿（San Isidoro de Sevilla，英文Saint Isidore of Seville），瞻禮日是4月4日，一個是勞動者聖依西多祿（San Isidro Labrador，英文Isidore the Farm Labourer或Isidore the Farmer），瞻禮日是5月15日。

↑　馬德里的居民穿著傳統服飾慶祝聖依西多祿節，攝影：黃嫦媛。

　　馬德里的主保聖人是勞動者聖依西多祿，因此在主保聖人瞻禮日前後，是馬德里的重要節慶。這段期間，當地人身著馬德里傳統服飾在市中心的街頭跳沙蒂希步（Chotis，英文Schottische）[7]，慶祝此節慶，呈現出馬德里平常少見的一面。

🌟 羅西奧聖母遊行（Romería del Rocío）

＊5月　＊慶祝城市：阿爾夢德（Almonte）

＊節慶，不是假日，商店、景點、餐廳開門

　　根據歷史記載，阿方索十世於13世紀時在一個叫作La Rocina的地方蓋了供奉聖母的教堂。後來，15世紀阿爾夢德村的獵人在村外荊棘林中發現一尊聖母像，很辛苦地把祂帶出荊棘林，想供奉在村裡，然而獵人打盹休息之後，卻發現聖母像又神奇地回到荊棘林裡。這件事傳出去後，村民跟隨他到荊棘林，在原地蓋座山間教堂供奉聖母像，後來這個地方稱為羅西奧（El Rocío），這尊聖母像則稱為羅西奧聖母。

　　到了17世紀，在阿爾夢德成立宗教社團，開始舉辦羅西奧聖母朝聖活動，一直到今天，每年仍有超過一百萬人穿著傳統安達魯西亞服飾，騎馬、徒步或是坐著馬車，一路唱歌跳舞喝酒吃美食，以郊遊野營方式在聖靈降臨日（復活節後第50天）到羅西奧朝聖。

＊7　源自於波西米亞的民俗雙人舞蹈，1850年傳至西班牙，風行一時，最後成為馬德里節慶的舞蹈。

1　羅西奧聖母遊行，照片提供：安達魯西亞旅遊局
　　（Imagen cedida por Turismo de Andalucía）。
2　托雷多的基督聖體節，照片提供：張嘉玲。
3　巴塞隆納傳統以「雞蛋跳舞」來慶祝的基督聖體節。
4　拉拉古納以花瓣鋪地面來慶祝的基督聖體節，攝
　　影；Sara Sánchez，照片提供：加那利群島旅遊局
　　（Imagen cedida por Promotur Turismo Canarias）。

1
2　　3　4

✳ 基督聖體節（Corpus Christi）

＊5月底或6月　　＊慶祝城市：全西班牙

＊某些地方是當地假日，商店關門，部分景點、餐廳開門

　　基督聖體節是在復活節後第60天，西班牙各城鎮一定會遊行慶祝，但也有其他不同的活動。

　　巴塞隆納傳統的是「雞蛋跳舞」（l'ou balla），讓掏空的雞蛋被泉水噴在半空中跳起舞來。

　　托雷多則在遊行經過的陽台窗口掛滿15、16世紀的古董旗幟或壁毯，並以植物花葉裝飾遊行路線。

　　西切斯（Sitges）、加那利群島的拉拉古納（La Laguna）等小城鎮則在遊行路線的地面上用不同花瓣擺出圖案，讓遊行隊伍從上面經過。

✳ **非物質文化遺產：煙火節（La Patum）**
＊5月底或6月，持續五天　＊慶祝城市：貝爾加（Berga）
＊基督聖體節那一天是當地假日，商店關門，部分景點、餐廳開門
＊官網：http://www.lapatum.cat/

　　這是在基督聖體節那個星期舉行的節慶，源於中世紀基督聖體節遊行，以戲劇表現來讓人們深入了解《聖經》。隨著時間的演變，再依照原始民間信仰慶典重新詮釋和定向，形成一個保留了宗教和非宗教特性的節慶。

　　慶祝活動最重要的是遊行和煙火，有塔巴（Tabal，敲打鈴鼓）、天主教人對抗土耳其人（Turcs y Cavallets，騎紙馬作戰）、瑪斯（Maces，揮舞棍杖和鞭子的魔鬼）、圭特斯（Guites，攻擊參與者的怪物）、鷹（象徵貝爾加）、大頭矮人、普蘭斯（Plens，火魔），以及裝扮成阿拉伯人的巨人等伴隨音樂和鼓聲沿街遊行、表演雜技及施放煙火。另外還有一系列戲劇表演、火和煙火秀等。

↑　　煙火節，攝影：Albert Duch，照片提供：貝爾格達旅遊局（Imagen cedida por Agencia de desarrollo del Berguedà）。

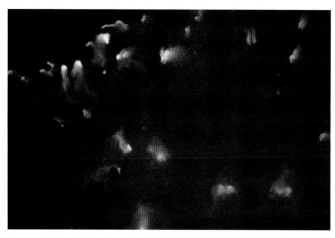

↑　　煙火秀，攝影：Albert Duch，照片提供：貝爾格達旅遊局（Imagen cedida por Agencia de desarrollo del Berguedà）。

當季美食

西班牙每個自治區都有採松露的規範。為了防止有人採摘未成熟的松露，每年都會規定什麼時候才可以採松露，採松露的季節過後一星期就不能在市場上販賣新鮮松露。夏天松露的採摘季節從5月開始。

5月底是西班牙各式水果的盛產期。沒機會到黑爾特谷賞櫻花的人，記得買一些黑爾特谷出產的櫻桃，此外還有杏桃、水蜜桃和桃子等。

西班牙人吃東西冷熱分明，冬天吃熱乎乎的「雜燴肉菜鍋」，夏天吃沙拉、冷湯。到了5月，女生展開「比基尼行動」，在暑假來臨前減肥，才能穿比基尼展露身材，所以Ensalada（生菜沙拉）就成為西班牙女生「比基尼行動」的晚餐。這是西班牙人夏天最常吃的前菜，做法很簡單，就是把萵苣、番茄、紅蘿蔔、紅甜椒、洋蔥、芝麻菜、小黃瓜、玉米、甜菜等各式蔬菜洗好切好放進盤子，再依照個人喜好加入罐頭鮪魚、火腿丁、新鮮乳酪、乾酪、核桃、松子、葵花子等配料，再加上鹽、醋和初榨橄欖油，就是西班牙式的生菜沙拉了。

購物

夏裝和夏天特有的泳裝和草編鞋已全面上市。

旅遊

已開始旅遊旺季，建議事先上網預約景點門票。 ❧

6月 *Junio*

氣候

中部內陸已屬春末夏初，沿海地區和南部已進入夏天。

必備：太陽眼鏡、防曬裝備、帽子、圍巾、夏季衣物

景色

6月在安達魯西亞自治區的郊外可看到向日葵花海，金黃一片，很是壯觀！

↓　西班牙安達盧西亞地區的向日葵花海，照片提供：卡爾摩納旅遊局（Imagen cedida por Turismo de Carmona）。

節慶

戈拉秋從嬰兒身上跳過去，照片提供：卡斯提亞-雷昂旅遊局（Imagen cedida por Turismo de la Junta de Castilla y León）。

※ 戈拉秋節／跳嬰節（Fiesta del Colacho）

＊基督聖體節後的星期天

＊慶祝城市：卡斯特里歐・德・穆爾西亞
　（Castrillo de Murcia）

＊星期天，商店關門，部分景點、餐廳開門

17世紀迄今從未間斷的節慶。那一天，代表惡魔的主角戈拉秋（el Colacho）穿著顏色鮮豔的衣服，拿著馬尾在鎮上街道打人，途經一個個小床墊，上面有當年出生的嬰兒，戈拉秋就從這些嬰兒身上跳過去。帶點遊戲卻又戲劇化的節慶，代表天主教人的信仰如何勝過惡人和異教徒。

※ 非物質文化遺產：夏至火節（Fiestas del Fuego del Solsticio de Verano）

＊六月底或夏至那一夜

＊慶祝城市：庇里牛斯山小鎮

這是在庇里牛斯山上舉行的傳統節慶，在六月底或夏至這一夜，庇里牛斯山居民從山上帶著火炬下山，一路在準備好的柴堆上點火，而各個山間村鎮人民則圍著火堆歡慶夏至降臨。除了當地鎮民，沒有太多人深入山間參與節慶，所以曝光率不高，知名度不大，不過它其實是頗重要的傳統節慶，在2015年列為世界非物質文化遺產，成為由安道爾、西班牙、法國共有的非物質文化遺產。

※ 施洗者聖約翰之夜（Noche de San Juan）

＊6月23日晚上　　＊慶祝城市：全西班牙

＊某些地方6月24日是當地假日，商店關門，部分景點、餐廳開門

6月23日晚上是一年中最短的一夜，所以也被認為是最神奇的一夜。自古以來，天主教徒就把民俗、異教節慶與施洗者聖約翰節結合在一起，在這一夜以太陽、火、水為元素，慶祝夏天的來臨，甚至還有類似東方的「過火」儀式！

　　西班牙人在這一夜和親戚朋友聚餐。各個大城小鎮的街頭和廣場都升起火堆，放煙火鞭炮慶祝。還有人認為這一夜有奇特神力，趁機採收草藥來治百病。施洗者聖約翰之夜還衍生出施洗者聖約翰篝火節（Hogueras de San Juan），拉科魯尼亞和阿利坎特兩地的施洗者聖約翰篝火節是最重要的兩個。

↑　施洗者聖約翰之夜。

❋ 打酒戰（Batalla del Vino）

　＊6月29日　　＊慶祝城市：阿羅（Haro）
　＊節慶，不是假日，商店、景點、餐廳開門
　＊官網：http://www.batalladelvino.com/

　　阿羅位於西班牙的產酒區拉里奧哈，那附近曾是聖米揚的師傅、畢里畢歐的聖菲力瑟斯隱士（San Felices de Bilibio）修道和埋葬的地方，後來，他當年苦修的山洞成為朝聖之地。漸漸地，大家在6月底遊行去朝聖，以當地盛產的紅酒舉行洗禮，並在彌撒之後享用點心、飲酒作樂，最後演變成以紅酒互相噴灑的慶祝活動，成為今天的打酒戰。愛酒的人在那裡只要張開嘴就可以了！

↑　參與者瘋狂打酒戰，照片提供：阿羅市政府提供（Imagen cedida por Ayuntamiento de Haro）。

3-6

6月

左　Sangría，照片提供：西班牙旅遊局（©Instituto de Turismo de España-TURESPAÑA）。
右　汁多味甜的蟠桃。

當季美食

6月最特別的水果是蟠桃和甜瓜，汁多味甜。

夏天是品嘗西班牙名菜海鮮飯的季節。雖然6月還不是度假的時候，大家在週末都會到海灘上享受陽光曬太陽，中午就在海邊餐廳點一大盤海鮮飯。

Sangría是西班牙最有名的夏季飲料，大概是每個西班牙人從學生時代就會調的一種酒精飲料。只要把紅葡萄酒加入檸檬汁、柳橙汁、糖、切丁的檸檬、柳橙、水蜜桃、鳳梨、蘋果、香蕉等各式水果，再加上一點白蘭地（或是苦艾酒）、一點碳酸飲料（汽水）、一點香料（丁香、肉桂、八角茴香等）以及冰塊就成了。剛剛調好的Sangría味道沒那麼好，要等一兩個小時，水果的味道融入Sangía之後，才是最棒的！

購物

7月1日是夏季打折的第一天，可以先做功課到店裡挑好東西，等到7月1日那天搶購。

旅遊

旅遊大旺季，建議兩個月前先上網預約景點門票。✎

7月 *Julio*

氣候

　　7月是夏天,中部和南部內陸已進入盛暑,如遇熱浪,氣溫會高至40℃以上。在戶外一定要躲在陰影處,在大太陽底下會中暑。北部沿海地區較溫和舒適。

　　必備:太陽眼鏡、防曬裝備、帽子、圍巾、夏季衣物

景色

　　7月最美的是西班牙的海景。

　　東方人怕曬太陽,到海灘只為了游泳。西方人愛曬太陽,到海灘只為了享受陽光,所以沙灘和海域的品質很重要。

　　為了表揚在旅遊環保做得出色的海灘和碼頭,歐洲環境教育基金(FEEE)

↑　　2014-15年的藍旗標誌飄揚在西班牙的561個沙灘上。

↑　薩歐納海灣（Cala Saona）的海景，攝影：Manfred，照片提供：巴利阿里群島旅遊局
（Imagen cedida por Agència de Turisme de les Illes Balears）。

推行認證，授予生態環保標章「藍旗標誌」。西班牙年年榮獲最多的藍旗沙灘和藍旗海域，在2017年的「藍旗標誌」名單中，西班牙再拔頭籌，有586個藍旗沙灘、100個藍旗海域以及5個藍旗船隻旅遊經銷商，遠遠超過第二名、有395個藍旗沙灘和97個藍旗海域的法國，可以說是全世界水質、海岸環境、海灘管理最好的國家，因此西班牙每年的觀光收入都是全球屬一屬二，2014年有6500萬觀光客來到西班牙！

　　馬爾貝亞（Marbella）是馬拉加南邊45分鐘車程的小鎮，意思是「美麗之海」，也是著名高級度假聖地。世界各地的王室和中東油王每年都到馬爾貝亞度假，其中又以沙烏地阿拉伯的王室最可觀，中東油王的豪華大別墅建築群則有如度假村，而巴努斯港（Puerto Banus）就是它的私人豪華遊艇碼頭，恐怕也是世界勞斯萊斯密度最高的地方，法拉利和藍寶堅尼等名車更是滿街跑。

節慶

❋ **剪馬毛節**（A Rapa das Bestas de San Lorenzo de Sabucedo-A Estrada）

＊7月的第一個週末

＊慶祝城市：薩布塞多（San Lorenzo de Sabucedo）、艾斯特拉達（A Estrada）

＊節慶，但不是假日，商店、景點、餐廳都有營業

　　據說在中世紀黑死病流行期間，當地兩姊妹向聖羅倫斯禱告，如果倖免於難，就捐贈兩匹馬給教會。後來她們真的沒有染到黑死病，因此履行諾言捐馬給教會，這兩匹馬放牧於山間，山上就有成群野馬。

　　為了野馬的衛生健康，每年6月底到8月底，當地人上山把成群野馬趕下山，趕進村莊的馬場。冒著被馬踢踩的危險，眾人合力徒手搏鬥，讓野馬動彈不得，以剪短野馬的鬃毛，後來演變成為加利西亞眾多小鎮的節慶，最具盛名的就是薩布塞多（San Lorenzo de Sabucedo）的剪馬毛節。

※ 奔牛節（Los San Fermines）

＊7月6-14日　＊慶祝城市：潘普隆納（Pamplona）

＊節慶，不是假日，商店、景點、餐廳開門

＊官網：http://sanfermin.pamplona.es/

　　奔牛節正式名稱是聖費明節。聖費明是潘普隆納市的主保聖人，從12世紀就開始慶祝他的瞻禮日。1591年，潘普隆納的居民因為氣候因素，把聖費明節從10月改到7月，後來這個以奔牛活動來慶祝的節慶因為美國文豪海明威而成為西班牙最具國際知名度的節慶之一。

　　節慶由7月6日中午12點市政廳廣場發出的火箭炮（Chupinazo）揭開序幕。從7月7日起，當地民眾及外地觀光客身著當地傳統白衣白褲，戴紅領巾，每天早上八點冒著生命危險在鬥牛前奔跑，直到鬥牛場為止，全程只有825公尺，歷時不過幾分鐘，卻是驚險萬分。節慶期間還有大人偶遊行、音樂會、舞蹈、煙火和鬥牛，晚上有年輕人通宵飲酒狂歡。7月14日晚上12點，大家再度聚在市政廳廣場，點蠟燭，高唱「可憐的我，可憐的我，奔牛節結束了」（pobre de mí, pobre de mí, que se han acabado las fiestas de San Fermín），來結束這個熱鬧狂歡的節慶。

1	3	4
2		

1　火箭炮揭開序幕，照片提供：納瓦拉旅遊局（Imagen cedida por el Archivo de Turismo "Reyno de Navarra"）。

2　一整片白衣白褲紅領巾，照片提供：納瓦拉旅遊局（Imagen cedida por el Archivo de Turismo "Reyno de Navarra"）。

3　奔牛，照片提供：納瓦拉旅遊局（Imagen cedida por el Archivo de Turismo "Reyno de Navarra"）。

4　7月14日晚上12點大家高唱「可憐的我，可憐的我，奔牛節結束了」，照片提供：納瓦拉旅遊局（Imagen cedida por el Archivo de Turismo "Reyno de Navarra"）。

✳ 加爾默羅聖母節（Festividad de la Virgen del Carmen）

＊7月16日

＊慶祝城市：西班牙沿海城鎮

＊節慶，不是假日，商店、景點、餐廳開門

　　西班牙把加爾默羅聖母簡稱為Carmen，奉祂為西班牙航海人和海軍的主保聖人。每年7月16日加爾默羅聖母節這一天，除了有彌撒之外，海邊城鎮的信徒會抬著加爾默羅聖母遊行，還會把聖母抬上船，沿著海岸繞一圈，跟「媽祖登船海巡」很像！

✳ 聖雅各伯節（Fiesta de Santiago Apóstol）

＊7月25日前後兩週左右

＊慶祝城市：聖地牙哥‧德‧孔波斯特拉（Santiago de Compostela）

＊7月25日是當地假日，商店、景點關門，餐廳開門

　　聖雅各伯是第一位到西班牙傳天主教的使徒，因為後來挖掘出他的陵墓，人們開始到聖雅各伯的安葬之地朝聖，形成聖雅各伯朝聖之路。聖雅各伯後來也被奉為西班牙的主保聖人。7月25日是聖雅各伯節，也是加利西亞自治區節，可以說是聖雅各伯朝聖之路的目的地，聖地牙哥‧德‧孔波斯特拉最重要的慶典。在7月25日前後，有各式具有加利西亞當地風格的慶祝活動，如傳統舞蹈、街頭劇場、音樂會、戲劇表演、露天電影院、街頭表演，兒童節目等，其中最重要的活動在7月24日和25日舉行。7月24日晚上在主教座堂前有燈光秀和特別的煙火表演。7月25日在主教座堂則有重要彌撒，通常西班牙國王會出席，主教座堂巨大的香爐迴盪在教堂裡，讓整個節慶的宗教氣氛達到最高點。

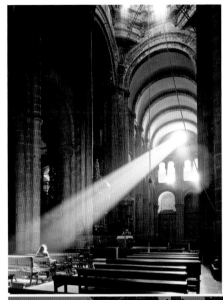

1 ｜ 2　3
　 ｜ 4

1　加爾默羅聖母節，照片提供：馬拉加旅遊局（Imagen cedida por Área de Turismo del Ayuntamiento de Málaga）。

2　聖地牙哥‧德‧孔波斯特拉主教座堂內部，照片提供：加利西亞旅遊局（Imagen cedida por Turismo de Galicia）。

3　聖地牙哥‧德‧孔波斯特拉主教座堂巨大的香爐迴盪在教堂裡，照片提供：加利西亞旅遊局（Imagen cedida por Turismo de Galicia）。

4　聖雅各伯節，照片提供：加利西亞旅遊局（Imagen cedida por Turismo de Galicia）。

上　　Fuerteventura的度假海景，攝影：Alex Bramwell / Lex，照片提供：加那利群島旅遊局
　　　（Imagen cedida por Promotur Turismo Canarias）。

右　　海鮮沙拉。

當季美食

　　7月是新鮮無花果的盛產期，超市或菜市場都買得到。

　　夏天是吃沙拉的季節，而Salpicón de Marisco不但是一道海鮮沙拉，也是常見的冷盤tapa，是用蝦、蟹肉、其他海鮮、紅椒、青椒和洋蔥佐以橄欖油和醋做成。

　　西班牙的夏季飲料除了Sangría之外，還有夏日紅酒（Tinto de verano）和油莎豆漿（Horchata de chufa）。

　　夏日紅酒是紅酒加蘇打水，最傳統的西班牙蘇打水品牌是La Casera。

　　油莎豆是莎草科莎草屬植物，塊莖有堅果味，味道微甜，加水壓榨製作好，就是西班牙人老少咸宜的夏季清涼飲品油莎豆漿。

　　西班牙人在夏天也喝咖啡，但是喝冰咖啡，也就是把濃縮咖啡加進裝滿冰塊的杯子，算是不加牛奶的「冰塊加濃縮咖啡」（Café con hielo）。

購物

西班牙夏季打折是從7月1日開始,是當地人和觀光客下手的好機會。

旅遊

歐洲國家不分經濟好壞,從德國、英國、荷蘭、丹麥、瑞典到西班牙、義大利,勞工不論資歷深淺,一年最少有一個月的休假,因為休假是為了走更長遠的路,有休假才有消費,才能和家人在一起盡情享受家庭生活。

很多商店餐廳都乾脆在7月或8月關門一個月。老闆員工全都度假去,大公司則採輪休制度,大家輪流去度假。還有些公司在7、8月早上八點上班,下午三點下班,因為在炎炎夏日,吃完午餐昏昏欲睡就算上班也沒效率!

不過,什麼時候休假也是依照行業而定。暑假是旅遊大旺季,旅遊區的餐廳和商店會在冬天旅遊淡季時休假。普通餐廳和商店則在夏天休假,尤其是商店,因為聖誕假期是買禮物、辦年貨的商機旺季,商店不能在冬天關門,店員不能在聖誕節假期休假,只能選夏天7、8月關門休假。

歐洲人在放假不工作時,會去度假休息,通常西班牙人都是找個海灘去躺個兩星期,或是到山邊小鎮的民宿去聽鳥鳴牛叫,睡個兩星期。每天休息夠了,才會輕輕鬆鬆逛一兩個度假區的景點(行程絕不能太趕太緊湊),喜歡健行又虔誠的人可能會走走聖雅各伯朝聖之路!

所以,7月是西班牙旅遊大旺季,建議兩個月前先上網預約景點門票。

←　　商家在門口貼著關門度假的公告。

8月 *Agosto*

氣候

　　8月是夏天，中部、南部內陸是盛暑，如遇熱浪，氣溫會高至40℃以上，有時還可能超過50℃，在戶外一定要躲在陰影處，在大太陽底下會中暑。北部沿海溫和舒適。

　　必備：太陽眼鏡、防曬裝備、帽子、圍巾、夏季衣物

景色

　　西班牙的海岸是夏天最美的度假勝地。從右圖可一覽西班牙四周沿海的海岸。

↓　　馬拉加的遊輪港，照片提供：馬拉加旅遊局（Imagen cedida por Área de Turismo del Ayuntamiento de Málaga）。

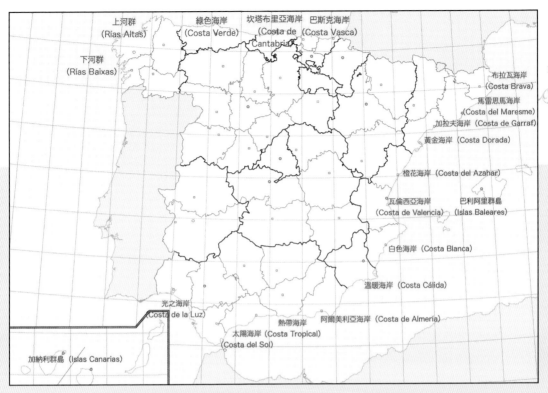

↑　西班牙海岸，地圖提供：國家地理資訊中心（Información geográfica © Instituto Geográfico Nacional）。

1	2
3	4

1　綠色海岸，攝影：Camilo Alonso，照片提供：阿斯圖里亞斯旅遊局（Imagen cedida por Turismo de Asturias）。

2　太陽海岸，照片提供：馬拉加旅遊局（Imagen cedida por Área de Turismo del Ayuntamiento de Málaga）

3　維京節，照片提供：加利西亞旅遊局。

4　埃爾切神祕劇，攝影：Paco Cascales，照片提供：埃爾切旅遊局（Imagen cedida por Visitelche）。

節慶

維京節（Romeria Vikinga de Catoira）

＊8月的第一個週末　＊慶祝城市：卡托伊拉（Catoira）

＊節慶，星期天是假日，景點、餐廳都有開門

　　卡托伊拉是西班牙北部加利西亞地區人口不到四千的小鎮，卻有個馳名全國的節慶：維京節！

　　據說一千年前，維京人試圖從卡托伊拉入侵西班牙北部。為了紀念卡托伊拉人勇敢抵抗維京人入侵，1960年開始有了維京節。節慶期間有市集和表演，最精采的就是鎮民打扮成維京人的模樣，乘船入侵，模擬戰役來慶祝維京節。

8月跨年節（Nochevieja en agosto）

＊8月的第一個週末

＊慶祝城市：貝爾丘萊斯（Berchules）＆ 巴洛裡亞‧拉‧布埃納（Valoria la Buena）

　　1994年12月31日晚上，格拉納達小鎮貝爾丘萊斯突然停電，無法好好跨年，全鎮居民便決定把跨年慶祝活動移到夏天，在八月第一個週末（週五或週六）舉行跨年活動，並依照西班牙傳統，在12聲鐘響內吃完12顆葡萄，然後通宵狂歡。隔年，卡斯提亞雷昂小鎮巴洛里亞拉布埃納則因暴風雨也發生停電，12月31日晚上無法跨年，居民也決定把跨年活動移到夏天，在8月第一個星期六慶祝跨年。

非物質文化遺產：埃爾切神祕劇（Misterio de Elche／Misteri d'Elx）

＊8月14-15日，8月11-13日有總排練　　＊慶祝城市：埃爾切（Elche）

＊8月15日是國定假日，商店關門，部分景點、餐廳開門

＊官網：www.misteridelx.com/

　　埃爾切神祕劇是講述聖母死亡、升天和加冕的宗教音樂劇。自15世紀中以來，這齣音樂劇在埃爾切城的聖馬利亞主教座堂和老城區街道從未間斷地演出至今，是中世紀歐洲宗教劇和聖母崇拜的見證。2001年被聯合國教科文組織列為非物質文化遺產。

　　這部戲劇以演唱方式呈現，在8月14日和15日分兩幕演出，以一系列場景描述聖母的死亡和加

冕，從聖母之死開始，然後是數百名信眾參與在埃爾切街道舉行的夜間遊行，接著是隔天的日間遊行、隔天下午的送葬隊伍、葬禮和升天，最後在聖馬利亞主教座堂加冕。

　　埃爾切神祕劇的劇本是用瓦倫西亞方言、穿插部分拉丁文寫成。場景分為兩個層面：橫式場景代表「地」，豎式場景代表 「天」，是中世紀戲劇的典型特徵。

☀ 畢爾包大週慶典（Semana Grande de Bilbao）

＊8月15日前後，持續九天　＊慶祝城市：畢爾包（Bilbao）

＊8月15日是國定假日，商店關門，部分景點、餐廳開門

　　畢爾包最熱鬧也最重要的節慶，在城裡搭起許多節慶舞台，舉行音樂會、各式表演、戲劇等，還有大人偶、表演群組、煙火、火箭炮、鬥牛等慶祝活動。

☀ 馬拉加春會（Feria de Málaga）

＊8月19日前後，持續八到十天　＊慶祝城市：馬拉加

＊8月19日是當地假日，商店關門，部分景點、餐廳開門

＊官網：http://feria.malaga.eu/

　　1487年8月19日，馬拉加正式成為天主教雙王管轄的卡斯提亞王國，因此大家把這一天當節慶慶祝。到了1887年的500週年慶，馬拉加節慶才成為當地最盛大的慶典。每年有一天是「歷史遊行」，眾人穿著古裝裝扮成天主教雙王及其隨從，繞街遊行到主教座堂。現在這個節慶分白天區和晚上區，白天女士身著安達魯西亞傳統摺邊服飾，在老城區跳佛朗明哥舞，晚上則在另一區飲酒作樂，盡情享受西班牙南部的熱情。

3-8

8月

✳ 番茄節（La Tomatina）

＊8月最後一個星期三，早上11點到12點　＊慶祝城市：布紐爾（Buñol）

＊舉行番茄節的那幾條街的商店關門，其他地方的商店、餐廳開門

＊官網：http://www.latomatina.es/

這個節慶的歷史不是很悠久。1945年，一群年輕人在8月最後一個星期三閒來無聊，加入樂隊和大人偶的遊行，途中有人跌倒，雙方開始爭執，打起群架，隨手拿起路邊水果攤的東西亂砸，番茄就成為「武器」。隔年，百無聊賴的年輕人又重演一次，從自己家裡帶番茄當「武器」，見人就砸。直到1980年，市政府開始供應番茄，讓大家砸得盡興。

1.2　馬拉加春會，照片提供：馬拉加旅遊局（Imágenes cedidas por Área de Turismo del Ayuntamiento de Málaga）。

3　番茄節，照片提供：西班牙旅遊局（©Instituto de Turismo de España-TURESPAÑA）。

西波特加托節 （El Cipotegato）

＊8月27日　＊慶祝城市：塔拉宋納（Tarazona）

＊8月28日是當地假日，商店關門，部分景點、餐廳開門

　　西波特加托節是在8月27日舉行，是主保聖人的節慶活動之一，也是節慶的第一天。

　　在節慶之前，小鎮的年輕人報名抽籤，選出一人當丑角，就叫作西波特加托（El Cipotegato）。到了8月27日那天中午，全村的人一邊猛追穿著丑角服裝的主角，一邊拿番茄砸他，直到他爬上廣場中央的銅雕為止。

　　比起漫無目的拿番茄砸其他人的番茄節，這個擁有更悠久歷史傳統的節慶是事先選定一人當主角，大家拿番茄砸他。

　　8月28日是主保聖人的瞻禮日，慶祝活動以宗教為主，在教堂舉行，跟前一天的活動大不相同，觀光客只對西波特加托節有興趣。

↑　西波特加托節，照片提供：塔拉宋納旅遊局（Imagen cedida por Oficina municipal de Turismo de Tarazona）。

↑ 安達魯西亞冷湯，照片提供：安達魯西亞旅遊局
（Imagen cedida por Turismo de Andalucía）。

當季美食

在西班牙，夏天消暑的食物莫過於冷湯（Gazpacho）了。冷湯源於盛產蔬菜的西班牙南部安達魯西亞地區。據說，最原始的冷湯是南部農民利用隔夜的麵包、橄欖油、大蒜、鹽、醋等混製而成，後來在西班牙各地衍生成各種版本，如ajoblanco、salmorejo、gazpacho manchego等。而冷湯的重要原料「番茄」，是19世紀才加進去的，橘紅色湯也成為現在冷湯的特色。

在各式西班牙冷湯中，又以安達魯西亞冷湯（Gazpacho Andaluz）最富盛名，但也會因廚師、配料、比例不同而口味各異。

8月和9月是西班牙各城鎮舉行節慶的日子，有些是慶祝主保聖人，有的是慶祝豐收，不論哪一種，大家都會飲酒狂歡作樂。kalimotxo（calimocho）就是最普遍的酒精飲料，紅葡萄酒加可樂的甜甜口味，讓人容易喝多也易醉。比例則看個人喜好，有人喜歡紅葡萄酒和可樂一比一，有人喜歡紅葡萄酒和可樂一比二。

購物

8月是打折季的尾聲，如果找得到適當的尺碼，可以撿到很多便宜貨。秋裝也開始上市。

旅遊

7、8月是歐洲人休假的期間，尤其是8月，很多西班牙商店餐廳都乾脆在8月關門一個月，老闆員工都去度假。連非旅遊區的餐廳和米其林餐廳也都休假，所以，可能會吃閉門羹。

這兩個月也是歐洲人「大風吹」的時候，全歐洲的人都在休假，西班牙人到法國，法國人到英國，英國人到德國，德國人到義大利，義大利人到西班牙……這時在西班牙擠滿歐洲各國的觀光客，建議兩三個月前先上網預約景點門票。

拉里奧哈一片紅色
葡萄葉海，照片提
供：拉里奧哈旅遊局
（Imagen cedida por
La Rioja Turismo）。

9月 *Septiembre*

氣候

　　中部內陸已屬夏末秋初,沿海地區和南部還是夏天。

　　必備:太陽眼鏡、雨傘、圍巾、洋蔥式穿法的衣物;南部需要夏裝,北部則是秋裝。

景色

　　葡萄葉在秋天變紅,在西班牙北部產酒區可以看到一整片紅色葡萄葉海,非常壯觀!

3-9

9月

節慶

🌸 卡斯卡莫拉斯節（Cascamorras）

> ＊9月6-9日　＊慶祝城市：9月6日在巴薩（Baza），9月9日在瓜第斯（Guadix）
> ＊當地假日，商店關門，部分景點、餐廳開門

　　1490年，巴薩村在一處教堂廢墟興建新教堂。一名瓜第斯村的工人在敲打大石膏時，聽到地下發出一聲「請憐我（¡TEN PIEDAD!）」，進而發現一尊聖母像，也造成兩地村民爭奪聖母像的所有權。

　　最後當地政府判決：聖母像供奉在巴薩村，但瓜第斯村民有權在9月8日主辦聖母節慶，如果瓜第斯村民能乾淨地進到巴薩村的教堂，將可以獲得聖母像的所有權。

　　從此，每年9月6日下午，瓜第斯村都會派一名叫卡斯卡莫拉斯的「丑角」去巴薩村，負責乾乾淨淨地帶聖母像回瓜第斯村。巴薩村民為了不讓他達成任務，會力圖弄髒他。丑角的衣服被弄髒、任務失敗後，得先梳洗一番再進去教堂。隔天9月7日，他向大家募款，9月8日在教堂舉行彌撒，9月9日丑角回到瓜第斯村。瓜第斯村民為了「懲罰」他沒達成任務，又爭相把他一身光鮮的衣服弄髒。

1	3
2	

1　杜埃羅河岸的葡萄園，照片提供：卡斯提亞-雷昂旅遊局（Imagen cedida por Turismo de la Junta de Castilla y León）。

2　拉里奧哈的阿羅的葡萄葉海，照片提供：阿羅旅遊局（Imagen cedida por Oficina de Turismo de Haro/Azafatas Rioja）。

3　卡斯卡莫拉斯節，照片提供：Ricardo Cañabate Egea（Imagen cedida por Ricardo Cañabate Egea）。

✳ 非物質文化遺產：聖母節（Fiestas de la Mare de Déu de la Salut）

＊9月7-8日　＊慶祝城市：阿爾黑梅席（Algemesí）

＊9月8日是當地假日，商店關門，部分景點、餐廳開門

　　瓦倫西亞省的阿爾黑梅席城人口不到兩萬，每年9月7日和8日舉行的聖母節源於中世紀，有1400人參與。這個禮儀世代相傳，包括戲劇、音樂、舞蹈表演，另外還有三個遊行，讓人聯想到羅馬宗教、天主教、伊斯蘭教和猶太教在這片土地的文化影響。節慶期間，整座小城就像活生生的地中海傳統文化博物館。

　　這個節慶能延續至今就是因為大家踴躍參與，所有慶祝活動用的服裝、飾品、配件都是手工縫製的，每個禮儀都是從18世紀就獨立準備和運作，各項音樂、舞蹈表演均是代代相傳，從1905年迄今未曾中斷過。

　　舞蹈有bastonets、pastoretes、carxofa、arquets、 llauradores、tornejants等不同形式，Muixeranga則是最有名的。有人說Muixeranga這個字來自Moixiganga這個舞蹈，兩者都以舞蹈開始、疊羅漢結束，後來加泰隆尼亞人刪除舞蹈部分，演變為當地著名的疊人塔。

1	2
3	4

1　在聖母節表演的Els torneijants舞蹈，攝影：Victor Sangermán，照片提供：阿爾黑梅席旅遊局（Imagen cedida por Turismo de Algemesí）。

2　慶祝聖母節的Muixeranga舞蹈，攝影：Paco Donderis，照片提供：阿爾黑梅席旅遊局（Imagen cedida por Turismo de Algemesí）。

3　阿爾黑梅席城的聖母節，攝影：Vicent Segura Pozo，照片提供：阿爾黑梅席旅遊局（Imagen cedida por Turismo de Algemesí）。

4　群眾表演Els bastonets舞蹈歡慶聖母節，攝影：José Ferrando，照片提供：阿爾黑梅席旅遊局（Imagen cedida por Turismo de Algemesí）。

✳ 釀酒葡萄豐收節慶（Fiesta de la Vendimia）

＊9月　＊慶祝城市：西班牙各產酒區

　　西班牙盛產葡萄酒，Vendimia是「採摘釀酒的葡萄」的意思。葡萄收成後，一定要好好大肆慶祝。西班牙各個產酒地區都有這個節慶，但日期不盡相同，基本上都在9月。

✳ 聖梅爾塞節（La Mercè）

＊9月24日前後5-7天　＊慶祝城市：巴塞隆納
＊9月24日是當地假日，商店關門，部分景點、餐廳開門
＊官網：http://www.bcn.cat/merce/ca/index.shtml

　　聖梅爾塞是聖仁慈聖母（Nuestra Señora de la Merced）的簡稱。

　　根據傳說，1218年9月24日，祂在國王交馬一世、聖伯多祿諾拉古和聖雷孟面前顯靈，請求他們成立修會以拯救當時被回教人俘虜的天主教徒，最後在國王的支持下，成立了聖梅爾塞修會，簡稱「馬利亞贖虜會」或「俘虜修會」，因為成員必須宣誓願意以自己為人質，換回被俘虜的人。

3-9

9月

　　1687年，巴塞隆納慘遭蝗害，大家求助於聖梅爾塞。度過難關後，市議會就把聖梅爾塞封為巴塞隆納的主保聖人之一。

　　現在聖梅爾塞節是巴城最熱鬧的節慶，每年9月底一連四五天，大小街道廣場都有大人偶遊行、音樂、舞蹈、音樂煙火秀、疊人塔等各式慶祝活動。

當季美食

　　水果如石榴，以及堅果如杏仁、榛子、栗子、核桃、松子、葵花子等都是9月的季節美食。但對西班牙來說，最重要的收成則是葡萄，除了普通食用葡萄之外，還有釀酒的葡萄。

購物

　　這時候夏裝的打折已結束，商店的秋、冬裝已全面上市。

旅遊

　　大部分西班牙人在9月1日恢復正常上班，人潮蜂擁海灘的盛況開始銳減，大城市上下班時間又開始塞車。這時仍是旅遊旺季，建議事先上網預約景點門票。

1　2　│　3

1　杜埃羅河岸產區釀酒葡萄豐收節慶，照片提供：卡斯提亞-雷昂旅遊局（Imagen cedida por Turismo de la Junta de Castilla y León）。

2　拉里奧哈產區採摘釀酒的葡萄，照片提供：拉里奧哈旅遊局（Imagen cedida por La Rioja Turismo）。

3　聖梅爾塞節，照片提供：加泰隆尼亞旅遊局（Imagen cedida por Agència Catalana de Turisme）。

10月 *Octubre*

氣候

中部內陸是多變的秋天，早晚溫差大。沿海地區較溫和，南部已屬夏末秋初。
必備：太陽眼鏡、雨傘、圍巾、洋蔥式穿法的衣物

景色

秋天是落葉的季節，在西班牙中北部郊外山林可以看到滿山滿谷的黃葉和紅葉。但南部還只是夏末秋初。

節慶

☀ 席德週末（Fin de Semana Cidiano）

＊10月的第一個週末　＊慶祝城市：布爾哥斯（Burgos）
＊星期天是假日，商店關門，部分景點、餐廳開門

　　席德是西班牙中世紀的傳奇人物，他的出生地布爾哥斯在10月的第一個週末舉行席德週末。女士身著中世紀長裙，男士身穿騎士服飾騎著馬，化身中世紀人物，整座城彷彿穿越時光隧道。席德的軍旗、天主教人的旗幟飄揚在街頭、塔樓、城牆，布爾哥斯城裡有中世紀市集、騎士比武、鬥劍、中世紀軍營、以席德為主題的舞台劇等，連小朋友都穿上中世紀服飾參與活動。

1	2	3
4		

1-3　打扮成中世紀騎士參與席德週末，照片提供：OTR Burgos（Imágenes cedidas por OTR Burgos）。

4　聖柱聖母節獻花，照片提供：薩拉戈薩旅遊局（Imagen cedida por Turismo de Zaragoza）。

✳ 聖柱聖母節（Fiestas del Pilar）

＊10月12日前後，持續九天左右　＊慶祝城市：薩拉戈薩（Zaragoza）
＊10月12日是國定假日，商店關門，部分景點、餐廳開門

　　當聖雅各伯在西班牙傳教時，聖母馬利亞曾站在大理石柱上在他面前顯靈，命他在石柱矗立之處建造教堂，聖柱聖母馬利亞教堂（Basilica de Nuestra Señora del Pilar）因此而建成。Pilar就是「柱子」之意，教堂裡供奉的聖母，則尊稱為聖柱聖母。

聖柱聖母節是薩拉戈薩最重要的節慶，成千上萬穿著各地傳統服飾的人們一大清早就到聖柱聖母馬利亞主教座堂前面來獻花。節慶期間，城裡還有各式戲劇表演、音樂會、兒童娛樂節目、舞蹈、煙火、大人偶遊行、鬥牛等慶祝活動。

10月13日還有到聖柱聖母馬利亞主教座堂獻上「牲禮」的儀式，來自西班牙各地、住在薩拉戈薩的人們穿上家鄉的傳統服飾，帶著家鄉特產的蔬果、葡萄酒到主教座堂，是一個能在同時同地看到西班牙各地傳統服飾的機會。

↑　聖柱聖母節煙火，照片提供：薩拉戈薩旅遊局（Imagen cedida por Turismo de Zaragoza）。

季節移牧節（Fiesta de la Trashumancia）

＊10月底　＊慶祝城市：馬德里
＊通常是星期天，商店關門，部分景點、餐廳開門

西班牙牧羊人隨季節變化把牲畜從北到南遷移放牧的方式叫作Trashumancia，自古以來也走出了一條條「移牧之路」（vías pecuarias或cañada）。1273年，國王阿方索十世依據這些「移牧之路」的重要性、使用度和位置，訂定了皇家法規管理保護，稱為「皇家移牧之路」（Cañadas Reales）。從中世紀起，牧人就趕著羊群走皇家移牧之路經過現在的馬德里市區，從北而南遷移放牧。到現在，牧人就還是遵循傳統，隨著季節變化遷移，趕著羊群經過馬德里市區。通常每年10月底的某個星期天在馬德里可以看到成千上萬羊群經過市中心的奇景。

3-10

10
月

↑　季節移牧節的羊群穿過馬德里市中心，照片提供：農業食品環境部（Imagen cedida por Ministerio de Agricultura, Alimentación y Medio Ambiente）。

※ 番紅花節（Fiesta de la Rosa del Azafrán Consuegra／
Jornadas del Azafrán Madridejos）

＊10月底

＊慶祝城市：孔蘇埃格拉（Consuegra）和馬德利德霍斯（Madridejos）

　　番紅花是世上最貴的香料，是小小一朵紫色小花的雌蕊柱頭。西班牙品質最好最負盛名的番紅花產地是唐吉訶德的故鄉：拉曼查（La Mancha），價錢最貴，一公斤在3000歐元左右。

　　採摘番紅花的季節也有節慶，最大的就是孔蘇埃格拉和馬德利德霍斯的番紅花節。想知道西班牙人是怎樣收採番紅花，怎樣人工採摘它的雌蕊柱頭，可以去這兩個小鎮體驗一下；馬德利德霍斯還有番紅花博物館呢！

❋ 烤栗子節（castañada或是Magosto）

*10月底、11月初　*慶祝城市：西班牙中北部城市

加利西亞、阿斯圖里亞斯、坎塔布里亞、巴斯克等地區都有烤栗子節，居民在10月底、11月聚在一起生火、烤栗子、烤肉、烤臘腸，歡度豐收的秋季。

當季美食

秋天也是野菇和栗子盛產的季節。懂菇的中北部人會去野外採菇，不懂分辨毒菇的人就到菜市場買現成的。菇類的食譜不少，可以當配料，也可當主食。而從10月開始，很多城市的街頭會出現烤栗子的攤子，栗子的香味帶來深秋的氣息。

10月底也是採摘番紅花的季節。一公斤番紅花需要25萬朵紫色小花，人工採摘，所以貴得有道理。通常十人份的海鮮飯只需要0.1公克的番紅花，用量不多，成本不算貴。

購物

秋、冬裝已上市，櫥窗裡沒有草編鞋等夏季服飾，取而代之的是厚圍巾和巴斯克貝雷帽（Boina）。

旅遊

還算旅遊旺季，建議先上網預約景點門票。✎

1	2	3
4	5	

1　採摘番紅花，照片提供：孔蘇埃格拉旅遊局（Imagen cedida por Turismo de Consuegra）。

2　人工採摘番紅花的雌蕊柱，照片提供：孔蘇埃格拉旅遊局（Imagen cedida por Turismo de Consuegra）。

3　番紅花的雌蕊柱，照片提供：孔蘇埃格拉旅遊局（Imagen cedida por Turismo de Consuegra）。

4　番紅花，照片提供：孔蘇埃格拉旅遊局（Imagen cedida por Turismo de Consuegra）。

5　菜市場的野菇。

11月 *Noviembre*

氣候

中部內陸已屬秋末冬初。沿海地區較溫和，南部已屬秋天。

必備：太陽眼鏡、雨傘、圍巾、南部採洋蔥式穿法，北部需要禦寒衣物。

景色

秋天是落葉季節，在中北部郊山可以看到滿山滿谷的落葉，南部郊山則可看到黃葉和紅葉。

節慶

3-11

11
月

✽ 諸聖節（Día de Todos Los Santos）

＊11月1日　＊慶祝城市：全西班牙

＊國定假日，商店關門，部分景點、餐廳開門

　　在原始民間信仰裡，11月1日是慶祝秋收冬臨的日子，死神允許亡靈返鄉，和子孫相會。後來，教會融合原始民間信仰和基督理念，以這一天來紀念所有列入聖品的聖人，也是西班牙人追思死者的日子，家家戶戶都帶鮮花去祭祀先人，也算是掃墓節。

　　這一天，應景的甜點是奶油糖球（Buñuelos de Viento）和「聖人之骨」（Huesos de Santo）。另外，跟家人朋友到郊外烤栗子也是一種慶祝活動。

當季美食

　　11月中到3月中是採黑松露或冬季松露的季節，也是冬天唯一能在市場買到新鮮松露的季節。

　　西班牙人冬天吃熱乎乎的「用湯匙吃的菜餚」，像是11月開始吃的「雜燴肉菜鍋」。南北各地都有類似的菜，加利西亞的叫作Cocido Gallego，馬德里的是Cocido Madrileño，加泰隆尼亞的叫作Escudella i carn d'olla，南部的則是Puchero Andaluz。基本上就是把各式肉類和臘腸熬成濃湯，加上各式蔬菜，煮成一大鍋，把高湯加上蔬菜拿來當前菜，肉和臘腸當主菜，唯一的差別在於加的肉類、臘腸、蔬菜種類不同。

旅遊

　　屬於淡季，觀光客驟減，景點就算沒有先預約，也少有排隊超過半小時的情形。

1	2
	3

1　伊拉提森林的秋景，照片提供：納瓦拉旅遊局（Imagen cedida por el Archivo de Turismo "Reyno de Navarra"）。

2　諸聖節的應景甜點Buñuelos de Viento。

3　加利西亞雜燴肉菜鍋，照片提供：主廚Juan Manuel Rial Paz。

12月 *Diciembre*

氣候

中部內陸氣溫較低，寒流來襲會下雪，
室內均有暖氣。沿海地區和南部較溫和。

必備：太陽眼鏡、雨傘、帽子、手套、厚圍巾、禦寒衣物、暖暖包

景色

11月初，西班牙各地就已在街頭裝置各色聖誕街燈和裝飾，11月底點上聖誕街
燈，12月的街頭因此充滿濃濃的聖誕氣息。

節慶

※ 聖誕節（Navidad）

＊12月25日　＊慶祝城市：全西班牙

＊國定假日，商店和幾乎所有景點關門，某些餐廳開門

　　西班牙的聖誕節可以說是從11月底的聖誕燈飾開始，近年來最美的聖誕燈飾城市是馬拉加及維戈，後者還因此發展出「聖誕街燈旅遊」。各個城鎮的聖誕市集開始販賣聖誕樹、聖誕裝飾、耶穌誕生布景、小禮物等。而巴塞隆納的聖誕市集甚至已有兩百年歷史。

　　西班牙最有名的聖誕彩券El Gordo（lotería de Navidad），屬於國家彩券之一，歷史悠久，第一次開彩於1812年12月18日，目前固定在12月22日開獎。開彩時有個有趣的「唱獎」習俗，由馬德里San Ildefonso學校的學生人手拿著小金球，「唱」出中獎號碼和金額。聖誕彩券獎金特高，備受關切，大家都習慣買彩券過節，有人甚至還在開獎前幾星期排隊等好幾個小時買彩券。

　　公司行號在聖誕節前有類似尾牙的聖誕晚餐，還會送聖誕禮盒給公司員工。這種禮盒通常以食品為主，裡面有火腿、各式醃肉、葡萄酒、香檳、乳酪、餅乾、罐頭、巧克力，以及應景的甜食等。

1	3 4
2	

1　巴塞隆納旅館的聖誕燈飾，攝影：Rafael Caballero。
2　馬拉加的聖誕燈飾，攝影：Ignacio Clavero。
3　巴塞隆納商家的聖誕燈飾，攝影：Rafael Caballero。
4　排隊買彩券的人們。

↑　巴塞隆納的聖誕市集。

　　許多公司在12月24日只上半天班，因為大家要趕回家準備聖誕大餐。連平時開到晚上十點的購物中心也會提早一兩個小時關門，讓大家可以回家打扮、盛裝參加家庭聚會。

　　聖誕夜那晚，西班牙媽媽會為家人準備傳說中份量多到驚人的聖誕大餐，還好12月25日是國定假日，聖誕大餐可以吃到半夜兩三點才結束，有精力的人還會跟家人聊到天亮。

　　在加泰隆尼亞自治區，聖誕節這一天重要到連12月26日也是假日，叫聖斯德望節（Sant Esteve），讓大家在吃完聖誕節午餐有時間從遠方故鄉回到工作地方。通常，不趕路回城的人會繼續吃團圓大餐。

非物質文化遺產：西比拉聖歌詠唱（El canto de la Sibila）

＊12月24日晚上　＊慶祝城市：馬約卡島

　　中世紀時盛行於歐洲，1229年因為天主教而傳至馬約卡島，保留至今，成為中世紀歐洲的古老遺跡。12月24日晚上，島上所有教堂都有西比拉聖歌詠唱，迎接一年一度聖誕子夜彌撒。西比拉聖歌詠唱源自額我略聖歌，是無伴奏清唱，只在每段之間以管風琴來區分。一名兒童當主唱，身著領口和下擺繡花的白色或彩

↑　西比拉聖歌詠唱，攝影：Consell de Mallorca，照片提供：巴利阿里群島旅遊局（Imagen cedida por Agència de Turisme de les Illes Balears）。

色長袍，高舉長劍，兩名以上的伴唱輔祭手持長蠟燭圍繞著他，邊唱邊穿過教堂走向聖壇，最後主唱用劍在空中劃出十字。

　　這是個集合馬約卡島所有教區的慶祝活動，大家分工合作，有人擔任歌手，有人製作服裝，有人執行其他相關工作，以保存並傳承這項文化。

跨年（Fin de Año）

＊12月31日晚上　＊慶祝城市：全西班牙
＊西班牙人在除夕大餐後才開始跨年活動。

　　講究的人先用粗鹽洗掉晦氣，再穿上紅內衣、禮服，拿著12顆葡萄和酒杯裡有金戒指的西班牙香檳，跟家人朋友團聚，等著「鐘聲12響，一響吞一顆葡萄」的跨年重頭戲。相傳，誰能順利把12顆葡萄在「最後一聲跨年鐘響」前吞下，隔年就會好運連連。

　　這個「吞葡萄」習俗可以說是一百年前的最佳行銷策略。20世紀初，葡萄大豐收，聰明的商人想出「一人吃12顆葡萄，會為新的一年帶來好運」的促銷點子來解決葡萄生產過剩的問題，漸漸就變成西班牙人新年祈福的傳統。

←　馬德里的太陽門廣場，
照片提供：馬德里旅
遊局（Imagen cedida
por Comunidad de
Madrid）。

　　在戶外跨年的人通常是到各廣場教堂前「望鐘吞葡萄」，馬德里的太陽門
（Puerta del Sol）廣場是最著名的跨年場所。廣場上擠滿人手12顆葡萄和香檳的
人群，電視台的鏡頭也對準廣場的鐘樓現場轉播，所以每年年底市政府一定會好
好檢查那座名鐘。

　　在家跨年的人通常是拿著葡萄看電視轉播，看電視吞葡萄，因此12點鐘響前的
電視廣告費最貴，12點鐘響後的電視廣告費次貴，只有最有錢的大企業才付得
起。

　　吃完葡萄，一起跨年的親朋好友會舉杯喝香檳，互親臉頰，互道新年快樂！接
著就是新年派對，去派對前還有人在鞋裡塞些紙鈔，據說會帶來財運。

當季美食

　　12月有聖誕節，西班牙有不少應景的甜食。

　　杏仁糖（Turrón）：西班牙最有名的聖誕節應景甜食，是用烤過去殼的杏仁加
入蜂蜜或糖，甚至還加上蛋白，做成長方磚形或圓片狀甜點，有軟有硬，還有各
種不同口味。最有名的杏仁糖有兩種，一種是「硬杏仁糖」（Turrón de Alicante
或Turrón duro），有點像我們的牛軋糖，有一顆顆完整的杏仁；另一種是「軟杏
仁糖」（Turrón de Jijona或Turrón blando），看不到一顆顆杏仁，而是用磨碎杏
仁製成，有點像花生糖泥的糖磚。杏仁糖還有不同打開方法。硬杏仁糖很硬，用
刀子不好切，建議在還沒打開塑膠包裝前，直接拿硬杏仁糖敲打桌面，讓硬杏仁
糖在塑膠袋裡碎掉後再打開塑膠袋。如果先打開塑膠袋再敲碎，硬杏仁糖會滿天
飛。軟杏仁糖則可以打開包裝再用刀子切。而以法定產區來辨識，「Agramunt」
是加泰隆尼亞自治區中受到法定產區保護制度的杏仁糖產區。

杏仁糖糕（Mazapán）：主要成分是杏仁和糖，對愛吃甜食的人來說，杏仁糖糕是甜食聖品，杏仁香味濃郁，但對台灣人來說，有點過甜，要搭配咖啡才能算是剛剛好。杏仁糖糕的來源無可考據，相傳是在13世紀的托洛薩的拉納瓦（Navas de Tolosa）戰役後，托雷多城沒有小麥糧食，聖克雷門得修道院的修女就用廚房僅有的杏仁和糖做出糕點給城裡挨餓的人。在聖誕節的應景甜點中，還有幾個從杏仁糖糕變化來的，例如：Pasteles de yema（蛋黃餡杏仁糖糕）、Pasteles de Gloria（番薯餡杏仁糖糕）、Mazapán relleno（有內餡的杏仁糖糕捲）、Pan de Cádiz（加的斯麵包）等。

各式西班牙聖誕應景甜食，照片提供：西班牙旅遊局（©Instituto de Turismo de España-TURESPAÑA）。

杏仁糕（Polvorón）：覺得杏仁糖和杏仁糖糕太甜，可以試試這款聖誕節甜點，它的甜度對我們來說剛剛好。

豬油糕（Mantecado）：和杏仁糕的外表看起來很像，也是用麵粉、奶油或豬油、糖和肉桂等（有些還加上磨碎的杏仁）製成，但是杏仁糕用的麵粉比例較高，而豬油糕用的奶油或豬油比例較高，成分裡還加上蛋白。

西班牙聖誕節的特色是大吃大喝，聖誕大餐以海鮮、烤乳豬、火雞等大魚大肉為主。Cava則是餐桌上不可少的汽泡酒飲料，用傳統的香檳做法釀製，主要產於加泰隆尼亞地區。

購物

12月是大家採購聖誕禮物的時候，商店和百貨公司都是人擠人。1月7日是冬季打折第一天，有時間的人會先做功課，到店裡挑好東西，等到1月7日那天搶購。

旅遊

淡季，但是因為氣候溫和，又有聖誕假期，觀光客反而比11月多，不少歐洲人到西班牙度假避寒。

{ CHAPTER 4 }

西班牙另類之旅

熱門景點以外的自然人文之美

西班牙是個精采多元的國家，有各種遊覽方式。
除了首都馬德里、第二大城巴塞隆納、南部熱情的安達魯西亞和白色小鎮，
以及聖雅各伯朝聖之路，還有絕美的天然景觀，包括山川海景、國家公園，
以及貫穿西班牙中北部、南部、中部或東部的文化旅遊路線，
甚至還有另類的豪華火車之旅。西班牙有許多不同的玩法，
你體驗過幾種？

Bardenas Reales生物圈保護區，照片提供：納瓦拉旅遊局（Imagen cedida por el Archivo de Turismo "Reyno de Navarra"）。

4-1
祕境探幽

❋ 安特克拉岩洞區（Torcal de Antequera），馬拉加

＊官網：http://torcaldeantequera.com/

　　喀斯特地形又稱為溶蝕地形、岩溶地貌、石灰岩地形，是溶蝕作用形成的地表和地下形態的總稱。

　　安特克拉岩洞區占地兩千公頃，位於馬拉加省的安特克拉（Antequera），是歐洲喀斯特地形的最佳範例之一，以超過一億五千萬年前的石灰岩為主，由易於侵蝕的海洋沉積岩組成，經過風、雪、雨持續而緩慢地侵蝕，塑造出獨特的景觀，成為安達魯西亞的特殊風景。春、秋天是最適合造訪的季節，可以自由漫步，或是參加已規畫好路線的導覽活動。這裡還有一個豐富的生態環境，是鳥類保護區。

↑↑　安特克拉岩洞區，照片提供：安特克拉岩洞區（Imágenes cedidas por Paraje Natural Torcal de Antequera）。

4-1

祕境探幽

德拉賀石洞（Cuevas del Drach），馬約卡島

＊官網：http://www.cuevasdeldrach.com/

　　位於馬約卡島，於19世紀末發現。德拉賀石洞由四個互通的石洞組成，是島上最大的石洞，有2400公尺長，25公尺深。內部有個地底湖泊，長117公尺，寬30公尺，是世界上最大的地底湖泊之一，因為跟地中海相通，略帶鹹味，還具回音效果，所以設有一小型音樂廳。

　　進去參觀約需一小時，參觀路線長1200公尺，除了可以看到燈光下的鐘乳石、石筍美景，還可以在音樂廳聆賞音樂會，以及在地底湖泊搭乘遊船。

↑↑　德拉賀石洞，照片提供：德拉賀石洞（Imágenes cedidas por Cuevas del Drach）。

✺ 大教堂群沙灘（Playa de Las Catedrales），盧戈（Lugo）

　　位於西班牙西北部加利西亞自治區，由巨石岩岸形成數個形似教堂的尖拱，其中有幾個高達32公尺。這個由風和海浪蝕刻成的奇特景觀，退潮時露出來的海灘長1400公尺，遊客可以經由樓梯到海灘上走走，觀賞這個天然美景；漲潮時只剩下壯觀的岩岸，完全看不到如教堂尖拱的巨岩，因此要先探聽好潮水漲退時間，才能看到絕美的大教堂群沙灘。據說現在也有手機應用程式可以預知潮汐時間。

　　春、夏、秋是最適合造訪的季節。這幾年來觀光客越來越多，已影響到沙灘的生態環境，當地政府將限制參觀人數，去之前最好先在當地旅遊局了解最新規定。

1　大教堂群沙灘，照片提供：加利西亞旅遊局
（Imagen cedida por Turismo de Galicia）。

2　形似大教堂尖拱的岩石，攝影：Adolfo
Enríquez，照片提供：加利西亞旅遊局
（Imagen cedida por Turismo de Galicia）。

3　退潮後的沙灘，攝影：Miguel Ángel
Álvarez Alperi，照片提供：加利西亞旅遊局
（Imagen cedida por Turismo de Galicia）。

1
2　　3

※ Bardenas Reales生物圈保護區，納瓦拉地區
＊官網：http://www.bardenasreales.es/

　　Bardenas Reales是個天然公園，位於納瓦拉地區東南方，占地四萬兩千公頃，有一片半沙漠的奇特景觀，黏土、石膏和砂岩的地質經過流水和風化侵蝕，形成峽谷、高原和孤山，雖然看起來一片荒涼，卻有其天然價值，在2000年被聯合國教科文組織列為生物圈保護區（Biosphere Reserves）。

　　Bardenas Reales分為三個區域：較平緩的Plano、地形最奇特的Bardena Blanca、有松樹林和灌木叢的Bardena Negra。從地勢較高的瞭望台可以遠眺這座天然公園，公園裡有七百公里的健行或騎單車路徑，不過，因為公園很大，建議參加導覽，才不會在這個半沙漠區迷路。

	3
1 2	4 5

1　搭乘吉普車遊覽Bardenas Reales，照片提供：納瓦拉旅遊局（Imagen cedida por el Archivo de Turismo "Reyno de Navarra"）。

2　登高俯瞰Bardenas Reales，攝影：Eduard Blanco，照片提供：納瓦拉旅遊局（Imagen cedida por el Archivo de Turismo "Reyno de Navarra"）。

3-5　在Bardenas Reales健行和騎單車，照片提供：納瓦拉旅遊局（Imágenes cedidas por el Archivo de Turismo "Reyno de Navarra"）。

迷人之城（La ciudad encantada），昆卡（Cuenca）

＊官網：http://www.ciudadencantada.es/

　　位於昆卡省，離昆卡市30公里，是開放參觀的私人財產。九千萬年前這裡曾是海底，海鹽（特別是碳酸鈣）在此沉積。白堊紀結束時，阿爾卑斯山的造山運動造成石灰岩組成的海底浮出水面，經過千百年風、雨、冰的侵蝕，形成獨特的地質景觀，每個奇怪的岩石都加以命名。

　　如今有規畫完整的路線圖，總共2.5公里長，可以一邊漫步，一邊觀賞奇形怪狀的岩石，走完一圈需要1.5小時。登山靴、水壺是必要裝備，冬天需備禦寒衣物和雨傘，夏天還要雨衣。

↑　迷人之城，照片提供：迷人之城（Imágenes cedidas por la ciudad encantada）。

↑　紅酒河發源地，攝影：Aquilino Delado，照片提供：紅酒河礦區園（Imagen cedida por Parque Minero de Riotinto）。

☀ 紅酒河（Río Tinto），韋爾瓦（Huelva）

＊官網：http://parquemineroderiotinto.es/

　　位於安達魯西亞的韋爾瓦省，河水顏色如瑪瑙紅一般，像極了陳釀美酒，這是因為沿著河流一路都有重金屬礦藏，而含有重金屬硫化物的礦物經過氧化之後，就成為紅色酸性的河水了。

　　紅酒河的色彩及其環境和歷史在世界上可以說是獨一無二。上游有歐洲最大的露天礦區，早在青銅器時代末期、鐵器時代初期就被開發，而羅馬人更是大量開採此礦區，1873到1954年還曾是英國公司Río Tinto Company Limited的財產。

紅酒河附近河水屬酸性，植被不多，水裡卻有各種微生物，以礦物質維生，有些甚至尚未被分類。美國太空總署認為紅酒河的環境條件可能和火星類似，還特別到紅酒河研究這些生命形式。

　　現在有個紅酒河礦區園（Parque Minero de Riotinto）開放參觀，可以搭乘當年載運礦產的古董火車進到礦區，參觀博物館和以前採礦公司主管的房舍。

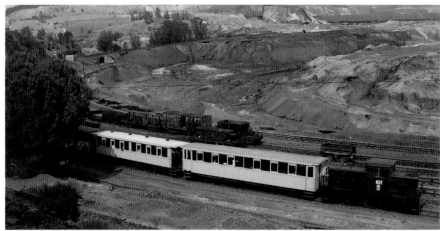

1	
2	3

1　紅酒河礦區園的火車，照片提供：紅酒河礦區園（Imagen cedida por Parque Minero de Riotinto）。

2　礦區隧道，攝影：Aquilino Delgado，照片提供：紅酒河礦區園（Imagen cedida por Parque Minero de Riotinto）。

3　博物館內部，攝影：Aquilino Delgado，照片提供：紅酒河礦區園（Imagen cedida por Parque Minero de Riotinto）。

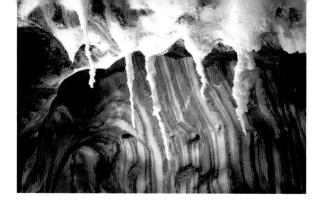

鹽山（Montaña de Sal），卡爾多納（Cardona）

＊官網：http://cardonaturisme.cat/es/visita-cardona-es/parque-cultural-
montana-de-sal/

　　西班牙文的薪水是salario，來自拉丁文的salarium，代表「以鹽付款」。在古羅
馬時期，有時候是以鹽來支付士兵薪水，鹽價可比黃金，因為在那個年代，鹽是
唯一能保存肉類的東西，非常珍貴。

　　西班牙除了產海鹽，還有岩鹽，歷史上很有名的產地就是巴塞隆納省的卡爾
多納的鹽山，在1929至90年間曾是歐洲最重要的岩鹽礦山。現在有個鹽山文化園
（Parque Cultural de la Montaña de Sal），訪客可以參加導覽，進去86公尺深的地
方，參觀當年開採鹽礦的山洞和古董設備，裡面的鹽柱類似鐘乳石或石筍，布滿
岩洞頂上和地上，有些鹽礦還因內含不同礦物質而呈紅、棕等色。

↑↑　鹽山，照片提供：卡爾多納歷史基金會（Imágenes cedidas por Fundació Cardona Històrica）。

伊拉提森林（Selva de Irati），納瓦拉

＊官網：http://www.selvadeirati.com/

位於納瓦拉地區，是占地一萬七千公頃的原始森林。

據說，西班牙以前有很多樹木、森林，松鼠可以從直布羅陀的一個樹枝到另一個樹枝，這樣一路跳躍到庇里牛斯山上。現在西班牙的森林沒有覆蓋整個國土，而且大多聚集在北部，最有名的就是伊拉提森林，是繼德國黑森林之後，歐洲第二個擁有最多櫸木和冷杉的森林，是庇里牛斯山的明珠。在伊拉提森林裡，有潺潺溪流、清澈湖泊、茂密樹林，還有鱒魚、知更鳥、黑啄木鳥、狐狸、野豬、貂、麋鹿等野生動物。

可以在春、夏、秋穿著登山鞋，帶著相機，到伊拉提森林的步道享受大自然洗禮；其中又以秋天最美，暖棕、澄黃、橘黃、紅色等落英繽紛的秋色讓人驚豔。

↑　伊拉提森林，攝影：Helio Digital，照片提供：納瓦拉旅遊局（Imagen cedida por el Archivo de Turismo "Reyno de Navarra"）。

↑　伊拉提森林秋景，攝影：Luis Otermin，照片提供：納瓦拉旅遊局（Imagen cedida por el Archivo de Turismo "Reyno de Navarra"）。

1 | 2
　 | 3

4 - 1

祕境探幽

1　森林中的旅遊諮詢中心，攝影：Oriol Conesa，
　照片提供：納瓦拉旅遊局（Imagen cedida por el
　Archivo de Turismo "Reyno de Navarra"）。

2　伊拉提森林裡的流水，照片提供：納瓦拉旅遊
　局（Imagen cedida por el Archivo de Turismo
　"Reyno de Navarra"）。

3　伊拉提水庫，攝影：Gaizka Bilbao，照片提供：
　納瓦拉旅遊局（Imagen cedida por el Archivo de
　Turismo "Reyno de Navarra"）。

✳ **古爾皮佑里內陸海灘（Playa de Gulpiyuri），阿斯圖里亞斯自治區**
　＊官網：http://www.llanes.es

　　海灘一般都在海邊，但是西班牙北部的阿斯圖里亞斯自治區卻有個很奇特的內陸海灘，叫作古爾皮佑里海灘。

　　這是因為海邊岩石被海水不斷向內陸侵蝕，形成從海邊伸進內陸底下的大岩洞，後來岩洞上面的地面坍崩，造成連通海邊的「海底隧道」，一頭是大海，另一頭是注滿海水的大洞，可以說是一個內陸鹹水湖。湖泊邊則有隱藏在內陸的半圓形沙灘，才50公尺長，是全世界最小的海灘，卻美麗無比。它跟海邊的海灘一樣有潮汐變化，漲潮時整個沙灘被淹沒，只剩下一個內陸鹹水湖；退潮時海水就消失，留下一片沙地，也就是小巧又與眾不同的古爾皮佑里海灘。

↑　　古爾皮佑里理內陸海灘，照片提供：陽內斯市政府（Imagen cedida por el Excmo. Ayuntamiento de Llanes）。

✳ 地獄峽谷（La Garganta de los Infiernos），黑爾特谷

∗官網：http://www.turismovalledeljerte.com

　　黑爾特谷位於卡薩雷斯省，在那裡可以賞櫻花，還可以看美景。

　　地獄峽谷屬於自然保護區，以瀑布、山澗、溪流和小湖泊聞名，而峽谷中最奇特的景色，則是河流侵蝕把岩石雕刻成的一個個大池塘。

　　遊客可以在旅遊中心拿到自然保護區的路徑圖。建議不要錯過「石缽之路」（ruta de los pilones），可以看到一個個由河流侵蝕岩石而成的大池塘，狀似石缽。 ✎

↑　地獄峽谷的溪流、瀑布和造型特殊的「石缽」，攝影：Angel Vicente Simón Tejeiro，
　　照片提供：黑爾特谷旅遊局（Imágenes cedidas por Turismo del Valle del Jerte）。

4 - 2

奇岩絕岸

1　　布拉瓦海。
2.3　蓋布拉達海岸，照片提供：坎塔布里亞旅遊局（Imágenes cedidas por Consejería de Innovación, Industria, Turismo y Comercio Gobierno de Cantabria）。

　　西班牙有不少特殊岩岸，這些岩岸有狂野的本色、湛藍的天空、優美的海灣、洶湧的海濤、險峻的絕崖礁石、清幽的沙灘、遺世的小漁村和恬靜安逸的小鎮，景致極富特色。

　　布拉瓦海岸（Costa Brava）位於加泰隆尼亞自治區，是一百多年前藝術家度假的地方。岸邊的小鎮依著岩岸而建，窄小的坡道蜿蜒著石板道路，淡季時有著地中海小漁村的恬靜特色，旺季則是歐洲人最愛的度假勝地。

　　蓋布拉達海岸（Costa Quebrada）位於坎塔布里亞自治區，里安克雷斯（Liencres）海岸對面的幾個小島和岩石（稱為Los Urros de Liencres）是蓋布拉達海岸的一部分，獨特的美景是海水侵蝕引起海岸線撤退的見證。絕美的夕陽和朦朧的水氣是攝影師的最愛。

　　複理層之路（La Ruta del Flysch）位於巴斯克自治區，在西班牙北邊巴斯克自治區的德巴（Deba）、蘇馬亞（Zumaia）和姆特力庫（Mutriku）這三個小鎮之間的海岸有非常獨特的複理層地形，由砂岩和頁岩等形成。

4-3
國家公園

安達魯西亞自治區

※ 多尼亞那國家公園（Parque Nacional de Doñana）

＊官網：http://www.donanareservas.com/

　　多尼亞那國家公園位於安達魯西亞自治區、瓜達基維河（Guadalquivir）入海口的右岸，占地54252公頃，是西班牙和整個歐陸最重要的溼地，以其多樣性的生態系統成為歐洲獨一無二的生態區。1980年被聯合國教科文組織列為生物圈保護區，1994年入選世界遺產。

　　這裡有湖沼、溼地、灌木叢林、固定和移動的沙丘、瀕危絕種的鳥類，是地中海地區最大的鳥類繁衍地之一，每年更有超過50萬隻水禽在這裡棲息越冬。其中最重要的是沼澤區，是歐洲和非洲數以萬計候鳥通行、繁衍和過冬的地方。因為地處南歐、接近非洲，優越的地理位置讓這個安達魯西亞的小角落成為擁有生物多樣性的珍貴自然天堂。

　　另外，多尼亞那國家公園還有瀕臨絕種的西班牙帝鷹（Águila imperial ibérica）和伊比利猞猁（Lince ibérico，Lynx pardinus）。帝鷹種群目前只有250對，正緩慢恢復中，伊比利猞猁則只剩下300隻，是全世界最極危的貓科動物，算是台灣石虎的遠親，因為公路穿越牠們的生活空間，極易被車輛撞死。

↓　多尼亞那國家公園，攝影：Héctor Garrido，照片提供：EBD-CSIC（Imagen cedida por EBD-CSIC）。

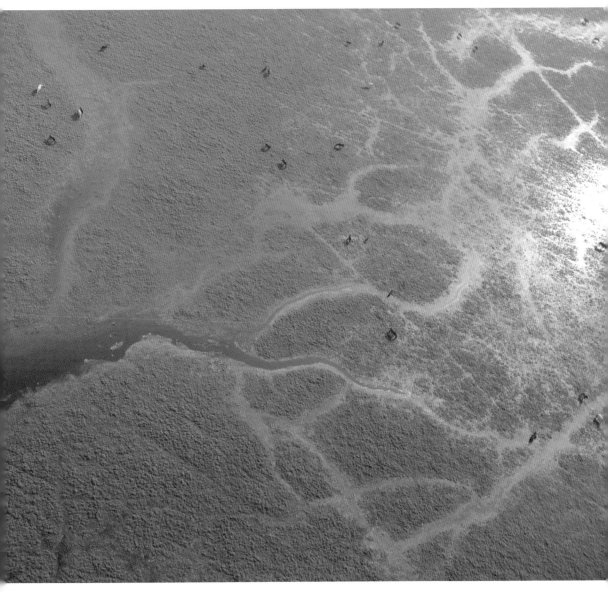

多尼亞那國家公園的各式動物，右頁下圖即是瀕臨絕種的伊比利猞猁。攝影：Héctor Garrido，照片提供：EBD-CSIC（Imágenes cedidas por EBD-CSIC）。

✳ 雪山國家公園（Parque Nacional de Sierra Nevada）

＊官網：https://sierranevada.es/

　　位於安達魯西亞自治區，從格拉納達省東南部一直延伸到阿梅利亞省的東端，占地85883公頃，是跟高山有關的自然生態系統，早在1986年就被聯合國教科文組織列為生物圈保護區。

　　這裡有平滑和突兀的地形，有15座超過三千公尺的高峰，包括伊比利島最高峰：海拔3482公尺的穆拉森峰（Mulhacén）。整座山勢因冰河而形成，山上有不少冰河湖泊，還有豐富的水文資產，並盛產礦泉水。

　　公園裡有非凡的景觀，結合了地中海高山和自然生態系統，有冰河切割的地形、森林和各種植被，有超過兩千種不同的植物，以及兩棲類、爬行類、哺乳類、鳥類等動物及昆蟲。

　　除此之外，雪山國家公園最吸引觀光客的是各式戶外活動，從健行、攀岩、登山、滑雪到滑翔翼，一年四季都有不同的戶外活動。

↑　　雪山國家公園也是滑雪勝地，照片提供：安達魯西亞旅遊局（Imagen cedida por Turismo de Andalucía）。

↑　雪山國家公園，攝影：J.M.Pérez de Ayala，照片提供：國家中心環境教育（Imagen cedida por la Fototeca del CENEAM）。

↑　雪山國家公園，攝影：Ignacio Clavero。

阿拉貢自治區

※ 歐德薩和佩迪杜山國家公園（Parque Nacional de Ordesa y Monte Perdido）

＊官網：https://www.ordesa.net/

　　位於西班牙北部的阿拉貢自治區，占地15608公頃，早在1918年就列為國家公園，1977年被聯合國教科文組織列為生物圈保護區。繼1997年，庇里牛斯山脈的佩迪杜山列為世界遺產後，也成為世界遺產的一部分。

　　景觀對比鮮明，有雄偉壯觀、岩層裸露的高山，也有陡峭深邃的峽谷，有較平

歐爾德薩和佩迪杜山國家公園，照片提供：歐爾德薩和佩迪杜山國家公園（Imágenes cedidas por el Parque Nacional de Ordesa y Monte Perdido）。跨頁圖攝影：Antonio Naya。

緩、森林覆蓋的山坡和高原，也有花草遍布的草原，還有磅礡的瀑布、潺涓的溪流，以及恬靜的田園風光。

　　國家公園的最高峰是佩迪杜山，高達3355公尺，橫跨法國和西班牙國界。從山上往下分成幾個不同的峽谷，同時受到大西洋和地中海的影響，地形又有極大落差，所以具有多種生態系統，動植物非常豐富多樣，有亞地中海植被、蘚類植被、山區植被、亞高山植被和高山植被等，還有不少種類的兩棲類、爬蟲類、魚類、鳥類和哺乳動物。而散落在國家公園的山間小鎮，還保留著中世紀城堡、山間小教堂的遺跡，文化遺產因此融入自然遺產中。

阿斯圖里亞斯&坎塔布里亞&卡斯提亞-雷昂自治區

✳ 歐洲群峰國家公園（Parque Nacional de los Picos de Europa）

＊官網：https://parquenacionalpicoseuropa.es/

　　位於伊比利半島北部阿斯圖里亞斯、坎塔布里亞、卡斯提亞-雷昂三個自治區之間，占地64660公頃，是西班牙第一個受保護的天然地區，2003年還被聯合國教科文組織列為生物圈保護區。

　　國家公園由三座山地組成：中央山地、西方山地和東方山地，中央山地的群峰最高，西方山地最廣，絕美的科瓦東加湖（Lagos de Covadonga）就位於此。這裡有歐洲大西洋岸最大的石灰岩地質，具岩溶地貌又曾受冰川切割，形成巍峨的高山和陡峭的峽谷，落差非常大。國家公園裡還有不少湖泊。因為距離大海不到20公里，所以降雨不斷，氣候潮濕，經常雲霧瀰漫，冬季的幾個月會積雪。

　　此地有西班牙保存最好的大西洋森林，四處都是櫸木、橡木、榛樹、楓樹、栗樹、核桃樹等，常見的動物有野豬、狼、熊、岩羚羊、鹿，以及黑啄木鳥、松雞、兀鷲和金鷹等一百多種鳥類。

　　分布在國家公園的山間小鎮還保留著不少中世紀遺跡，是鄉村旅遊的好去處，可以騎馬、健行、登山、瀑降、玩滑翔傘等。

1	2	3
		4

1　歐洲群峰國家公園，攝影：Infoasturias - Juanjo Arrojo，照片提供：阿斯圖里亞斯旅遊局（Imagen cedida por Turismo de Asturias）。

2　國家公園裡的熊，攝影：Infoasturias - Arnaud Späni，照片提供：阿斯圖里亞斯旅遊局（Imagen cedida por Turismo de Asturias）。

3　科瓦東加湖，照片提供：西班牙國家鐵路（Imagen cedida por RENFE）。

4　歐洲群峰國家公園，照片提供：坎塔布里亞旅遊局（Imagen cedida por Consejería de Innovación, Industria, Turismo y Comercio Gobierno de Cantabria）。

巴利阿里群島自治區

※ 卡布雷拉群島國家公園（Parque Nacional del Archipiélago de Cabrera）

　　位在馬約卡島南方，由名為卡布雷拉的石灰地質島嶼、十幾個小島和附近海域組成，占地10021公頃，其中8703公頃是海域，1318公頃是陸地。

　　這裡有茂密的大洋洲波喜盪海草和大量的海洋生物，是西班牙原始地中海島嶼生態系統的最佳範例，有重要的海鳥群、特有物種和保存完好的海底生物圈，以及超過200種魚類和無數海中生物，也是150種候鳥的中繼點，因此列為海洋及陸地國家公園。

從馬約卡島可搭遊船到這裡，航程一小時，沿途有海鷗和海豚相伴。私人遊艇要先申請航行許可才能進入國家公園、在那裡停靠或是潛水。

國家公園的主要島嶼卡布雷拉島從西元一世紀就有羅馬人的足跡，島上有座建於14世紀的城堡，曾於19世紀初成為戰俘的監獄。島上有絕美的自然景觀，如懸崖、海灣、岬角、沙灘和海蝕洞；其中最有名的是Sa Cova Blava海蝕洞，意為「藍洞」，狹窄的洞口朝西北方，高於海平面六公尺，洞內高度是海平面上20公尺，內部最大面積才120公尺長、75公尺寬。下午時因為光線反射，洞裡海水成為夢幻美麗的寶藍色。

1	2
	3

1.2　卡布雷拉群島國家公園，攝影：José Felipe Sánchez，照片提供：卡布雷拉群島國家公園（Imágenes cedidas por el Parque Nacional del Archipiélago de Cabrera）。

3　卡布雷拉群島國家公園的藍洞，攝影：Giorgio Gatti，照片提供：巴利阿里群島旅遊局（Imagen cedida por Agència de Turisme de les Illes Balears）。

特伊德國家公園的火山
錐，攝影：Saúl Santos，
照片提供：加那利群島
旅遊局（Imagen cedida
por Promotur Turismo de
Canarias）。

加那利群島自治區

特伊德國家公園（Parque Nacional del Teide）

＊官網：https://www.gobiernodecanarias.org/parquesnacionales/teide/en/

　　特伊德火山位於加那利群島的特內里費島（Tenerife），海拔3718公尺高，從海底算起有7500公尺高，是西班牙最高峰，也是大西洋島嶼的最高峰和世界第三大火山，更是海島演變的地質見證。占地18900公頃，景致非凡，1954年列為國家公園，2007年入選世界遺產。

　　特伊德火山曾被當地土著視為聖山，認為火山是通往地心之路。最後一次爆發是在1798年。現在，壯觀的火山錐和熔岩流形成多彩的顏色和多變的形狀。景觀隨著四季變化，冬天有白色雪景，春天有五彩顏色，夏秋則是乾燥枯黃。是歐洲唯一的亞熱帶氣候高山，擁有許多特有的動植物物種，包括212種植物，58種是當地特有的，其中的特伊德紫羅蘭是西班牙綻放在最高海拔的花，另外還有超過700種昆蟲。

　　加那利群島有保護天文觀測站質量的法律，所以沒有光污染，夜空的星星不會被城市的燈光所覆蓋而消失。2011年4月4日和4月11日，知名的挪威攝影師索耶（Terje Sorgjerd）在特伊德火山用「縮時攝影」(time lapse) 拍出銀河奇景般的影片。

　　現在，國家公園有37個不同難度的登山步道，共計155餘公里，每年有超過三百萬名觀光客造訪。

↑　　特伊德國家公園，照片提供：特內里費島旅遊局（Imagen cedida por Turismo de Tenerife）。

特伊德國家公園的星空
夜景，照片提供：特內
里費島旅遊局（Imagen
cedida por Turismo de
Tenerife）。

☀ 提曼法亞國家公園（Parque Nacional de Timanfaya）

＊官網：https://www.gobiernodecanarias.org/parquesnacionales/timanfaya/en/

　　位於加那利群島的蘭薩羅特島（Lanzarote），占地5107.5公頃。在歐洲及北非附近大西洋中的數個群島中，是火山生態系統最好的代表之一，18、19世紀的火山爆發以及岩漿流過的痕跡，形成現在特殊的地貌結構，是火山學者的研究對象。

　　這裡可以看到各種跟火山有關的地質現象，因為缺乏植被，粗糙的地形和紅、棕、赭、黑、橙等各種顏色，以及火山的剪影和崎嶇的海岸，形成月世界的美景。

　　因為火山爆發，此地生物演替的生態過程非常特別，生物的多樣性呈現在它180種適應此地條件、能承受日曬和乾旱的各色植物上，甚至連當地居民都學到適應環境，栽種出旱作植物如甜瓜、洋蔥、番茄、葡萄等。整個蘭薩羅特島因此在1993年被聯合國教科文組織列為生物圈保護區。

1	2	3
		4

1.2　提曼法亞國家公園，攝影：Alex Bramwell / Lex，照片提供：加那利群島旅遊局（Imágenes cedidas por Promotur Turismo de Canarias）。

3　提曼法亞國家公園岩漿流過的痕跡，攝影：Fernando Cova del Pino，照片提供：加那利群島旅遊局（Imagen cedida por Promotur Turismo de Canarias）。

4　提曼法亞國家公園宛如月世界的美景，攝影：Saúl Santos，照片提供：加那利群島旅遊局（Imagen cedida por Promotur Turismo de Canarias）。

4 - 3

國家公園

※ 加拉霍奈國家公園 （Parque Nacional de Garajonay）

官網：https://www.gobiernodecanarias.org/parquesnacionales/garajonay/en/

　　位於加那利群島的戈梅拉島（La Gomera），占地3984公頃，1986年列入世界遺產，是西班牙第一個自然遺產，擁有西班牙最獨特的森林。

　　因第四紀的氣候變化，屬於第三紀生態系統的加那利月桂樹從大陸消失，但是在雲霧彌漫的加那利群島找到立足之地，而有半數在加拉霍奈國家公園，整個國家公園中三分之二的面積由月桂樹森林覆蓋著，是歐洲最古老的月桂樹森林之一。

　　此地潮濕的氣候和加那利群島特有的水平雨孕育出蔥鬱茂密的叢林，泉水和數不清的溪流使當地的植物茂密成長，公園中的植被與新生代時期、因劇烈的氣候變化而消失於南歐的植被頗為相似，森林景觀是此公園的主角。除了月桂樹森林外，還有白歐石楠、楊梅、山茶科植物等森林，是植物愛好者的天堂。

　　這個面積不大的國家公園有多樣性的生物圈，包括數種鳥類、爬蟲動物、兩棲類，以及瀕危物種、當地動物等，平均每平方公里有13.6種當地動物，因其特別的保護價值，整個戈梅拉島在2012年被聯合國教科文組織列為生物圈保護區。

1	2	4
	3	

1, 2　加拉霍奈國家公園，攝影：Angel B. Fernandez，照片提供：加拉霍奈國家公園主任
　　　（Imagenes cedidas por el Director Conservador del Parque Nacional de Garajonay）。

3　　加拉霍奈國家公園的月桂樹森林，攝影：Saúl Santos，照片提供：加那利群島旅遊局
　　　（Imagen cedida por Promotur Turismo de Canarias）。

4　　加拉霍奈國家公園茂密的植被，照片提供：戈梅拉島旅遊局（Imagen cedida por
　　　Turismo de La Gomera）。

❋ 塔布連特國家公園（Parque Nacional de la Caldera de Taburiente）

＊官網：https://www.gobiernodecanarias.org/parquesnacionales/taburiente/en/

　　1983年，加那利群島的帕爾馬島（La Palma）一部分被聯合國教科文組織列為生物圈保護區，後來在2002年整個帕爾馬島列為生物圈保護區。而位於帕爾馬島上的塔布連特國家公園，占地4690公頃，源於火山地形，1954年列為國家公園。

　　Caldera是鍋子的意思，國家公園因其鍋狀地勢而得名，涵蓋了一個直徑超過八公里的圓圈，圓圈外圍地勢較高，內側地勢較低，長時間經過多次火山爆發、山坡滑動、水的侵蝕等，塑造出獨特的地貌，形成兩千公尺的落差。

　　這裡有豐富的水資源，到處是溪流和具高度侵蝕力的瀑布，非常壯觀。當地的歷史也跟水資源有關，人們自古就知道善用此地70個水泉，至今還保存著20世紀初用來汲取地下水的渠道。在這種特殊的環境下，孕育出許多特殊的動植物，有很多是當地特有的物種，其中最主要的是加那利群島松樹的生態系統。而且，因為從16世紀就不再砍樹木，1960年代禁止放牧，使當地景觀、動植物都完好保存至今。

　　公園有步道網讓訪客可以深入溪流、瀑布、松林和高峰組成的獨特景觀，公園裡還有不少考古遺跡，甚至還有史前岩刻。

左　　塔布連特國家公園的鍋狀地勢，攝影：Ángel Palomares Martínez，照片提供：塔布連特國家公園（Imagen cedida por el Parque Nacional de la Caldera de Taburiente）。

右　　塔布連特國家公園，攝影：Alex Bramwell / Lex，照片提供：加那利群島旅遊局（Imagen cedida por Promotur Turismo de Canarias）。

↑↗ 卡巴聶羅斯國家公園，攝影：A. Gómez，照片提供：卡巴聶羅斯國家公園（Imágenes cedidas por el Parque Nacional de Cabañeros）。

卡斯提亞-拉曼恰自治區

卡巴嵒羅斯國家公園（Parque Nacional de Cabañeros）

＊官網：http://www.visitacabaneros.es/

　　位於托雷多山區，介於雷阿爾城省（Ciudad Real）和托雷多省，占地40856公頃。1995年成為專門保護地中海森林和灌木林的國家公園，名字來自牧羊人和木炭工的臨時小木屋cabañas這個字。

　　這裡的地質以石英岩和板岩居多，曾挖掘出四億年前的化石。公園裡有保存完好的橡樹、櫟樹和灌木林，例如楊梅樹和膠薔樹，因此被視為歐洲地中海最完好的植被之一。

　　黑禿鷲、伊比利亞鷹、金鷹等眾多瀕臨絕種的猛禽在此找到聚集棲息之地，所以也是鳥類特別保護區。此外，公園還有為數不少的的麋鹿、野豬、山羊等50種哺乳動物。

　　現在有不少路徑可以認識這座國家公園，最常見的是搭吉普車逛公園裡的草原、覆蓋著地中海森林和灌木的山脈，在附近村莊還可以騎馬、健行、賞鳥、觀鹿等。

戴米耶溼地國家公園（Parque Nacional Tablas de Daimiel）

＊官網：http://www.lastablasdedaimiel.com/

　　堪稱歐洲獨一無二的溼地，占地3030公頃，結合巨大的地下水含水層的出水區域，以及因河流匯流氾濫而淹沒的平地，形成特殊溼地，也造就重要的溼地生態系統，所以在1980年被聯合國教科文組織列為拉曼恰溼地生物圈保護區的一部分。

　　所有的生態均跟水生環境有密切關係，擁有獨特的植被，以水生植物為主，是野生動物的棲息地，更因地處許多候鳥的遷徙路線的中繼點，成為鳥類休息或是過冬的地方，水鳥遂成為公園的主角，包括鳳頭鸊鷉、小鸊鷉、黑頸鸊鷉、蒼鷺、白鸛、桂紅鴨、紅頭潛鴨、針尾鴨、小水鴨、秧雞、灰鶴、鷫鷞、灰澤鵟、白頭鷂、彩鷸等，是賞鳥者的天堂。

↑　戴米耶溼地國家公園，攝影：Alfonso Díaz-Cambronero Astilleros，照片提供：戴米耶溼地國家公園（Imágenes cedidas por el Parque Nacional Tablas de Daimiel）。

左　瓜達拉馬山國家公園，照片提供：馬德里環保土地規劃局（Imagen cedida por la Consejería de Medio Ambiente y Ordenación del Territorio de la Comunidad de Madrid）。
右　瓜達拉馬山國家公園，攝影：J.M.Reyero，照片提供：國家中心環境教育（Imagen cedida por la Fototeca del CENEAM）。

卡斯提亞-雷昂自治區／馬德里自治區

✳瓜達拉馬山國家公園（Parque Nacional de la Sierra de Guadarrama）

＊官網：http://www.parquenacionalsierraguadarrama.es/

　　位於馬德里省和塞哥維亞省之間，占地33960公頃，擁有伊比利半島的地中海高山生態系統。因為接近城鎮，人類足跡在此有特殊意義，屬於1992年被聯合國教科文組織列為曼薩納雷斯河生物圈保護區（Reserva de la Biosfera de la Cuenca Alta del Rio Manzanares）的一部分。

　　岩石是這個公園的主角，有片麻岩、花崗岩、板岩、石英岩等。富有特殊的生物多樣性，有一千多種植物和茂鬱的松樹林，以及50多種哺乳動物，如伊比利半島特有的野兔、鼩鼱、鼴鼠、鼬鼹等，還有一百多種鳥類，如西班牙帝鷹、黑禿鷲、黑鸛等，所以也是鳥類特別保護區。

　　以前的撿柴人會到這裡的森林撿拾枯枝倒樹，木炭工也會到此利用木材燒製成木炭，連移牧之路也經過此區，所以現在山上還可以看到牧人的小木屋、舊鋸木廠的煙囪。目前是健行、遠足、登山者常去的地方。

加泰隆尼亞自治區

聖毛利西彎水湖泊國家公園（Parque Nacional de Aigüestortes i Estany de Sant Maurici）

　　位於加泰隆尼亞北部的庇里牛斯山上，占地14119公頃，有著絕美的庇里牛斯山高山景觀，清澈的流水潺潺於湖泊和溪河之間，是庇里牛斯山中湖泊最密集的地區，共有兩百多個，因此公園的名字跟流水湖泊有關，Aigüestortes即是「彎曲的流水」，Estany意指「湖泊」。

　　公園的核心是一大塊三百億年前的花崗岩，尖聳的高山因冰川切割而成，在動植物生態上均呈現庇里牛斯山的高山特色。山上有茂鬱的森林，如黑松木林、杉林、松木林、樺木林和山毛櫸林，河裡有鱒魚，公園還是鳥類特別保護區，有胡兀鷲、黑啄木鳥、松雞、紅交嘴雀、雷鳥、鬼鴞等。

　　這裡還有平靜美麗的湖泊、清澈潺涓的溪流、水簾懸掛的瀑布、碧綠的草地、光禿的岩壁、崎嶇的山峰、茂密的森林，美景隨四季更迭，壯觀的景色和豐富的動植物，讓它成為大自然愛好者的天堂。

1	2	
	3	

1　聖毛利西彎水湖泊國家公園，攝影：Emilio Blanco López，照片提供：聖毛利西彎水湖泊國家公園（Imagen cedida por Arxiu del Parc Nacional d'Aigüestortes i Estany de Sant Maurici）。

2　國家公園的美麗湖泊，攝影：Joan Masdeu Viñas，照片提供：聖毛利西彎水湖泊國家公園（Imagen cedida por Arxiu del Parc Nacional d'Aigüestortes i Estany de Sant Maurici）。

3　國家公園的登山步道，攝影：Juani Ruz，照片提供：聖毛利西彎水湖泊國家公園（Imagen cedida por Arxiu del Parc Nacional d'Aigüestortes i Estany de Sant Maurici）。

埃斯特雷馬杜拉自治區

夢弗拉貴國家公園（Parque Nacional de Monfragüe）

＊官網：https://www.parquenacionaldemonfrague.com/

　　位於卡薩雷斯附近，占地18396公頃，塔霍河（río Tajo）是其主幹，四面環繞著Dehesa（放牧伊比利黑腿豬，有橡樹和軟木的牧地）和山勢平緩的山脈，是歐洲最大和保存最完好的地中海森林和灌木林，2003年被聯合國教科文組織列為生物圈保護區。

　　公園充足的水源形成豐富多元的動植物生物圈，除了最有名的地中海森林和灌木林，還有橡樹林。鳥類則是公園的主角，是鳥類特別保護區，也是世界知名的賞鳥之地，愛鳥者在國家公園的觀鳥台可以看到在歐洲最具代表性的鳥類，例如黑禿鷲、黑鸛、兀鷲、西班牙帝鷹，雕鴞，金鷹，白腹隼鷹，遊隼等，其中黑禿鷲超過兩百對，西班牙帝鷹超過十對。

　　人類的足跡在此已久，公園裡有岩洞壁畫、回教城堡，附近城鎮還有不少中世紀遺跡。

↑　　瓜達拉馬山國家公園是多元的動植物生物圈，攝影：Manuela R.Romero，照片提供：瓜達拉馬山國家公園（Imágenes cedidas por el Parque Nacional de Monfragüe）。

加利西亞自治區

※ 大西洋島嶼國家公園（Parque Nacional de las Islas Atlánticas）

＊官網：https://illasatlanticas.gal

　　占地8480公頃，其中海域占7285.2公頃，陸地占1194.8公頃，包括在加利西亞下河群（Rías Baixas）出口的四個群島（las Islas Cíes、las islas de Ons、Cortegada和Sálvora），西側是懸崖，面對大西洋，東側是平坦的海灘和沙丘，面朝河口。島上有西班牙海岸最重要、最壯觀的海鳥群，以及資源豐富的海底生態，海藻海帶林和野生水生動物是此地生物多樣性的珍貴範例。

　　公園有超過200種海藻海帶，成為魚類和貝類聚居之處。數萬隻海鳥在懸崖峭壁築巢，就近獵取魚類為食物，其中有三萬五千對海鷗、一千對歐洲綠鸕鶿。連植物都能適應地形，在沙丘懸崖或狹窄的縫隙中生存，這些生長於懸崖峭壁、沙丘和海灘的植物共有400種，形成島嶼和周圍環境的特殊生態系統。

　　只能由海路抵達國家公園，在夏天有遊船從維戈（Vigo）等港口出發，其他季節必須先取得航行許可才能進入國家公園。 ∾

1　　棲息在大西洋島嶼國家公園的海鳥，攝影：Suso Framil，照片提供：大西洋島嶼國家公園（Imagen cedida por el Parque Nacional de las Islas Atlánticas）。

2、3　大西洋島嶼國家公園，攝影：José Antonio Fernandez Bouzas，照片提供：大西洋島嶼國家公園（Imágenes cedidas por el Parque Nacional de las Islas Atlánticas）。

4-4

文化行旅，朝聖之路

聖雅各伯朝聖之路（Camino de Santiago）

官網：http://www.xacobeo.es/

　　世人自從發現聖雅各伯安葬之地後，便開始到安葬聖雅各伯的聖地牙哥‧德‧孔波斯特拉（Santiago de Compostela）一地朝聖，因此沿著半島北部、從法國邊境到聖地亞哥‧德‧孔波斯特拉，漸漸地走出一條聖雅各伯朝聖之路。

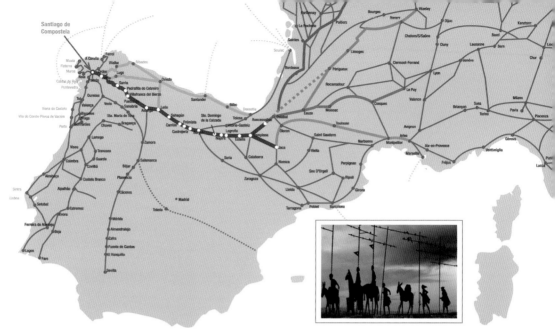

　　中世紀時，聖地牙哥‧德‧孔波斯特拉被認為是世界的盡頭，是太陽陷入黑暗大海的地方，人們把生命視為一趟旅程，而來這裡朝聖是一個走向天堂的方式，所以，成百上千的朝聖者從歐洲和伊比利半島各地穿山涉水抵達聖地牙哥‧德‧孔波斯特拉，尋求寬恕赦免，淨化靈魂。

　　一直到今天，聖雅各伯朝聖之路仍是一條重要的旅程路徑。

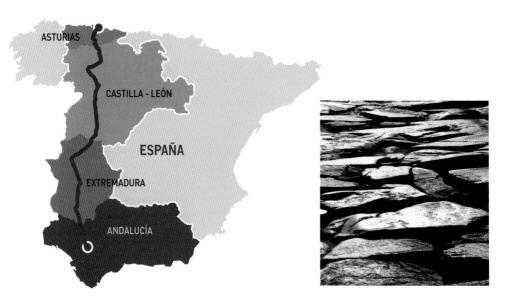

☀ 銀之路（Vía de la Plata）

＊官網：http://www.rutadelaplata.com/es

　　銀之路是西班牙最古老的路徑，早在青銅器時代末期、鐵器時代早期，伊比利半島南部的原始居民塔爾提索斯人（Tartessos）就已走出一條縱貫半島西部的道路，有考古學家認為這一條最原始的路徑，應該是從南部的港口（現在的韋爾瓦〔Huelva〕）到北部的港口（現在的希洪〔Gijon〕）。

　　後來，羅馬帝國在兩千年前替這條人走出來的路鋪上石磚，成為石磚路，銀之路的名字便由此而來，因為在伊斯蘭教統治時期，這條石磚路的阿拉伯名稱是Al Balath，後來Balath這個字就成為plata（銀），「石磚路」就成為「銀之路」了。

　　羅馬帝國滅亡之後，西哥德人走過，伊斯蘭教人走過，伊斯蘭教軍隊是從這條路攻到聖地牙哥・德・孔波斯特拉。商人和旅人也走這條縱貫西班牙西部的道路。中世紀時住在南部的天主教人也走這條路到聖地牙哥・德・孔波斯特拉去朝聖。因此，銀之路也成為聖雅各伯朝聖之路的一部分。天主教雙王的軍隊也是走這條路往南攻打伊斯蘭教領土。銀之路是一條文化交流融合的路徑，跨越西班牙的阿斯圖里亞斯、卡斯提亞-雷昂、埃斯特雷馬杜拉和安達魯西亞四個自治區，見證了伊比利半島的歷史、社會、軍事發展和人民的日常生活。

　　現在，銀之路成為從希洪到塞維亞的一條旅途。

1	2	3
		4	5
		6	7

1　銀之路地圖，銀之路提供（Imagen cedida por Red de Cooperación de Ciudades en la Ruta de la Plata）。

2　羅馬時期的路面，照片提供：銀之路（Imagen cedida por Red de Cooperación de Ciudades en la Ruta de la Plata）。

3　希洪，照片提供：希洪旅遊局（Imagen cedida por Turismo de Gijón）。

4　塞維亞，照片提供：銀之路（Imagen cedida por Red de Cooperación de Ciudades en la Ruta de la Plata）。

5　銀之路途經之地，照片提供：銀之路（Imagen cedida por Red de Cooperación de Ciudades en la Ruta de la Plata）。

6　銀之路途經之地，照片提供：Baños de Montemayor市政府（Imagen cedida por Ayuntamiento de Baños de Montemayor）。

7　銀之路途經之地，照片提供：雷昂市政府（Imagen cedida por Ayuntamiento de León）。

❋ 席德之路（Camino del Cid）

＊官網：http://www.caminodelcid.org/

　　席德因其傳奇故事，到現在一直是西
班牙人心中的英雄人物，也因此在西班
牙有一條路線，叫作「席德之路」。從
席德的出生地布爾哥斯開始，途經卡斯
提亞－雷昂地區、卡斯提亞－拉曼恰地
區、阿拉貢地區，一直到瓦倫西亞，途經六項世界遺產、39個被西班牙政府列為
歷史藝術遺產群的小城、70個自然保護區。旅人可以在城堡改建的旅館過夜，可
以在現代化的新式飯店過夜，也可以在小城鎮的農莊改建的民宿過夜，席德之路
成為認識西班牙的另一種方式。

1　席德之路的戳章，攝影：Joaquín Gaitano，照片提供：席德之路（Imagen cedida por Consorcio Camino del Cid）。

2　席德之路地圖，席德之路提供（Imagen cedida por Consorcio Camino del Cid）。

3　布爾哥斯的主教座堂，攝影：Cappa Segis，照片提供：席德之路（Imagen cedida por Consorcio Camino del Cid）。

4　阿爾巴拉辛（Albarracín），攝影：Alberto Porres Viñes，照片提供：席德之路（Imagen cedida por Consorcio Camino del Cid）。

✳ 西班牙語之路（Camino de la Lengua Castellana）

＊官網：http://www.caminodelalengua.com/quees.asp

　　西班牙語的正式名稱是卡斯提亞語，是在卡斯提亞地區、從拉丁語演變而來的語言。最早的發源地是聖米揚修道院（Monasterios de San Millán），在修道院的古抄本中，其中有兩部不是用拉丁語，而是用西班牙語寫的。接著西洛的聖多明我修道院（Monasterio de Santo Domingo de Silos）也開始用這種語言，薩拉曼卡（Salamanca）、巴亞多利德（Valladolid）的大學也用這種語言印刷成書籍，最後在塞萬提斯出生的城市埃納雷斯堡（Alcalá de Henares）達到高峰。

　　西班牙語之路，就是從卡斯提亞語的發源地聖米揚修道院到卡斯提亞語的高峰埃納雷斯堡的一條旅程路徑。

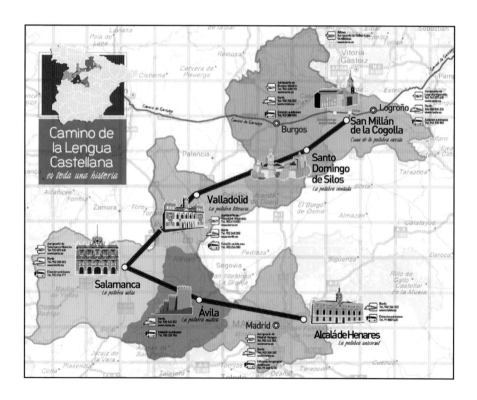

	2	
	3	5
1	4	6

1　西班牙語之路地圖，西班牙語之路提供（Imagen cedida por Camino de la Lengua Castellana）。

2　聖米揚修道院藏書，照片提供：拉里奧哈旅遊局（Imagen cedida por La Rioja Turismo）。

3　薩拉曼卡大學，照片提供：薩拉曼卡旅遊局（Imagen cedida por Turismo de Salamanca）。

4　巴亞多利德大學，照片提供：巴亞多利德會展局（Imagen cedida por Turismo de Valladolid）。

5　西洛的聖多明我修道院，照片提供：卡斯提亞-雷昂旅遊局（Imagen cedida por Turismo de la Junta de Castilla y León）。

6　埃納雷斯堡大學，照片提供：馬德里旅遊局（Imagen cedida por Comunidad de Madrid）。

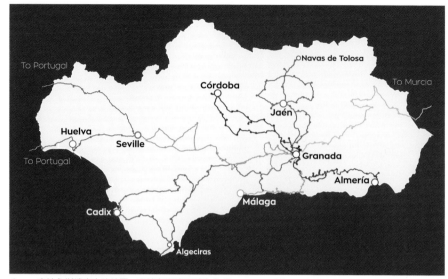

↑　安達魯斯遺產之路地圖，安達魯斯遺產基金會（Imagen cedida por la Fundación Pública Andaluza El legado andalusí）。

✳ 安達魯斯遺產（Rutas de El Legado Andalusí）

＊官網：http://www.legadoandalusi.es/

　　從1987到2014年，在歐洲委員會規畫的歐洲文化路線中，每條路線都是橫跨國界，途經好幾個歐洲國家，只有一條路線很特別，可以說只在西班牙，叫作「安達魯斯遺產之路」。伊斯蘭教文化在伊比利半島流傳八個世紀，留下一個安達魯斯遺產，成為西班牙和地中海文化的特色。

　　安達魯斯遺產之路是深入認識西班牙南部文化的旅程路徑，其中又分成：

＊哈里發之路（Ruta del Califato）：從哥爾多巴到格拉納達的文化之旅路線，連接伊斯蘭教統治時期的兩個輝煌大城，曾是中世紀伊比利半島最繁忙的商旅路徑。

＊華盛頓·歐文之路（Ruta de Washington Irving）：從塞維亞到格拉納達的文化之旅路線，1829年美國文豪華盛頓·歐文就是走這條路而認識塞維亞省和格拉納達省的幾個小城鎮的。

＊奈斯爾之路（Ruta de los Nazaríes）：從哈恩省（Jaén）的托羅薩的納瓦斯（Navas de Tolosa）直到格拉納達的文化之旅路線。奈斯爾王朝是西班牙最後的伊斯蘭教王朝，以格拉納達為首都，從1212年托羅薩的納瓦斯戰役的地點、

途經哈恩一直到格拉納達，一路的要塞和城堡遺址，讓我們看到當年天主教和伊斯蘭教爭奪領土的歷史見證。

＊穆拉比特和穆瓦希德之路（Ruta de los Almorávides y almohades）：從阿爾黑西拉斯（Algeciras）經加地斯、赫雷斯、隆達（Ronda）、馬拉加到格拉納達的文化之旅路線，一路經歷穆拉比特人和穆瓦希德人在11到13世紀間留下來的文化遺產。

＊阿爾普哈拉斯之路（Ruta de las Alpujarras）：從阿爾梅里亞到格拉納達的文化之旅路線，是最多樣和最令人驚訝的歐洲路線，一路上有眾多古老的中世紀防禦工事遺跡，如瞭望塔、城堡、要塞和塔樓，以及伊斯蘭教時期的珍貴考古遺產。

＊伊本・哈提卜之路（Ruta de Ibn al-Jatib）：從穆爾西亞經阿爾梅里亞到格拉納達的文化之旅路線，是根據伊斯蘭教詩人兼歷史學家伊本・哈提卜於1347年陪伴國王的旅程記載而來。現在，在這條路上還可以看到安達魯斯文化當年在沿途城鎮留下的遺跡。

＊伊德里西之路（Ruta de al-Idrisi）：從馬拉加到格拉納達的文化之旅路線，是根據12世紀的阿拉伯地理學家、製圖家和旅行者伊德里西的記載而來，途經馬拉加東部和格拉納達的沿海城鎮，然後往內路直到奈斯爾王朝的首都格拉納達。

↓　　阿爾梅里亞的城堡，照片提供：安達魯斯遺產基金會（Imagen cedida por la Fundación Pública Andaluza El legado andalusí）。

*穆台米德之路（Ruta de al-Mutamid）：從里斯本沿海和經內陸到塞維亞，再接著到格拉納達的文化之旅路線，把西班牙和葡萄牙境內的安達魯斯遺產結合在一起，以塞維亞國王穆台米德之名命名，是因為他在年輕時曾統治過葡萄牙南部城市錫爾維什（Silves），而這條路徑就是連通錫爾維什和塞維亞的文化之路。

*格拉納達漫步（Paseos por Granada）：格拉納達讓人印象最深刻的就是它的安達魯西亞遺址，而漫步其間是認識安達魯斯遺產的最佳方式。

1	2		
	3		

1　哥爾多巴的清真寺，照片提供：安達魯斯遺產基金會（Imagen cedida por la Fundación Pública Andaluza El legado andalusí）。

2　塞維亞的主教座堂，照片提供：安達魯斯遺產基金會（Imagen cedida por la Fundación Pública Andaluza El legado andalusí）。

3　格拉納達的阿蘭布拉宮，照片提供：安達魯斯遺產基金會（Imagen cedida por la Fundación Pública Andaluza El legado andalusí）。

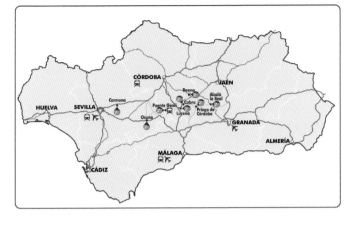

※ 復活節之路（Caminos de Pasión）

＊官網：http://www.caminosdepasion.com

　　以大寫開首的Pasión是專有名詞，特指耶穌的受難，如果直譯為耶穌的受難之路會讓人搞混，所以，在此就稱這個把復活節遊行最具特色的西班牙南部城鎮串聯起來的Caminos de Pasión為「復活節之路」。

　　復活節之路上的城鎮在聖週都有隆重的遊行活動，而在其他季節，則是品嘗美食、體驗熱情生活、了解傳統、探訪白色小鎮、認識傳統手工藝製作、接觸大自然的一條安達魯西亞文化生活路線。

1	2	1	復活節之路地圖，復活節之路提供（Imagen cedida por Caminos de Pasión）。
3		2	卡爾莫納（Carmona）的復活節，照片提供：復活節之路（Imagen cedida por Caminos de Pasión）。
		3	普里頁戈德哥爾多巴（Priego de Córdoba），照片提供：復活節之路（Imagen cedida por Caminos de Pasión）。

❋ 豪華火車之路

✳ 官網：https://www.renfe.com/es/en/experiences/luxury-journeys

　　很多人在西班牙搭火車旅行，但是很少人知道，西班牙也有兩個豪華列車，集舒適豪華於一身。旅人可以住宿火車上的豪華套房，沿路玩遍西班牙南北各地景點，是另類的五星級玩法。

✤ 北部的豪華列車叫作Transcantábrico Gran Lujo，2012年被評為全球最豪華的火車。火車由20世紀初的古董車廂改造，一整列火車最多只有28個乘客（因為只有14個豪華套房）。主要行程是從西班牙東北部的聖塞巴斯提安到西北部的聖地牙哥‧德‧孔波斯特拉，共八天七夜。

↑ ↑　El Transcantabrico豪華列車，照片提供：西班牙國家鐵路（Imágenes cedidas por RENFE）。

❖ 南部的豪華列車叫作Al Andalus，是由英國皇家御用的古董車廂改造，主要行
　程則是在西班牙南部繞一圈，共六天五夜。不過，這個列車也有其他天數的行
　程。 ❧

↑↑　　Al Andalus豪華列車，照片提供：西班牙國家鐵路（Imágenes cedidas por RENFE）。

{ CHAPTER 5 }

西班牙世界遺產

從史前到近代的文化歷史采風

西班牙有四十幾處世界遺產，
從一百萬年前的考古遺址到一百多年前的古蹟建築，都跟她的歷史息息相關。
從西班牙的世界遺產可以看出這個國家擁有悠久的歷史和多元的文化，
從歷史的角度看西班牙的世界遺產景點，
可以讓人更加感受到西班牙是獨一無二的國家，
可以同時認識古羅馬、伊斯蘭、天主教、猶太教等文化。

哥爾多巴‧照片提供：哥爾多巴旅遊局（Imagen cedida por el Consorcio de Turismo de Córdoba）。

5-1

史前時代

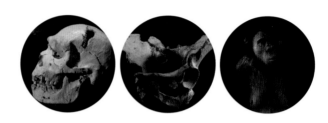

　　西班牙可以說是歐洲歷史最悠久的國家，曾在北部布爾哥斯的阿塔普爾卡山（Sierra de Atapuerca）挖掘到歐洲最早最豐富的人類化石，成為歐洲人類進化史上最重要的見證，證實了早在一百萬年前人類就從非洲遷居到伊比利半島。另外還挖掘出世上最完整的前人（Homo antecessor）化石和海德堡人化石遺跡，證實人類在歐洲最早的足跡是在西班牙。因此，阿塔普爾卡山的考古遺址在2000年入選世界遺產。

　　再往北一點、靠海的坎塔布里亞山脈，還挖掘出伊比利半島最早的藝術品：阿塔米拉岩洞（Cueva de Altamira）壁畫。在此保留了三萬五千到一萬一千年前，

從直布羅陀到烏拉山脈最重要的舊石器時代岩洞壁畫，人物和符號被雕畫在岩壁、洞穴頂端和戶外岩石上。因為岩洞非常深，氣候的影響被隔絕於外，所以這些人類最早的藝術成就以及人類歷史的見證保存得非常完好，因此西班牙北部的阿爾塔米拉岩洞和舊石器時代岩洞藝術在1985年入選世界遺產，更在2008年延伸指定項目。

　　在薩拉曼卡省的席爾加・維德（Siega Verde）另外發現了伊比利半島最重要的舊石器時代戶外岩畫，在人物肖像畫上的表現異常出色，規模之大可算是世界少見，其中包括645件岩畫藝術作品，是人類早期藝術創作的一項突破，因此席爾加・維德岩石藝術考古區在1998年列入世界遺產名錄，在2010年延伸指定項目。

　　舊石器時代晚期的另一個遺產，由伊比利半島地中海盆地的眾多小岩洞的岩畫組成，於1998年入選世界遺產。除此之外，西班牙也有巨石建築，六千五百年前的安特克拉（Antequera）支石墓於2016年入選世界遺產。相對於伊比利半島上的史前時代遺跡，大加納利島的山區有個穴居人時代的考古遺址，除了洞穴、穀倉、蓄水池遺址之外，還包括宗教洞穴和視為聖地的兩個神殿。大加納利島文化景觀的里斯科卡伊多（Risco Caído）考古遺址和聖山於2019年入選世界遺產。✍

 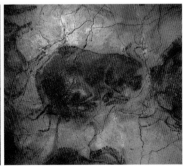 

```
    2
1   3  │  4  5  6
```

1　阿塔普爾卡山的考古遺址，照片提供：人類演進博物館（Imagen cedida por Museo de la Evolución Humana）。

2.3　人類演進博物館，照片提供：人類演進博物館（Imágenes cedidas por Museo de la Evolución Humana）。

4.5　阿爾塔米拉岩洞壁畫，照片提供：坎塔布里亞旅遊局（Imágenes cedidas por Consejería de Innovación, Industria, Turismo y Comercio Gobierno de Cantabria）。

6　席爾加・維德的戶外岩畫，照片提供：薩拉曼卡旅遊局（Imagen cedida por Turismo de Salamanca）。

5-2
古羅馬時期

　　從鐵器時代以後，外來民族開始移居伊比利半島。凱爾特人移居伊比利半島北部和西北部，當地土著伊比利人（Iberos）大多聚集在西部、中南部和東北部，兩種文化融合成為一個特殊的部落：凱爾特伊比利人。

　　腓尼基人則在伊比利半島南方創建加地爾城（Gadir，現在的加的斯〔Cádiz〕），把貨幣使用、採礦冶煉金屬、織布等傳進半島。希臘人則在伊比利半島地中海沿岸定居，引進葡萄和橄欖。公元前六世紀，迦太基人來到這個半島，先與希臘人發生衝突，後又與羅馬人爭奪西地中海的控制權。

　　公元前218年，羅馬人和迦太基人把伊比利半島當成第二次布匿戰爭的戰場。公元前206年，羅馬人將迦太基人逐出伊比利半島。到了公元前一世紀，羅馬人已完全統治整個半島。

　　從此以後，在羅馬人的統治下，當地人的生活水平明顯提高，伊比利半島成為重要的貿易地區，貴重的礦物、廉價的葡萄酒、優質的橄欖油銷售到其他地方。總體來說，羅馬帝國對伊比利半島的語言、宗教和法律造成深遠影響，為這裡帶來四個社會基礎：拉丁語言、羅馬法律、市鎮體制和天主教信仰，而羅馬人兩千年前留下來的建設至今仍矗立在伊比利半島上。

　　羅馬帝國先將伊比利半島分成兩個省：北部的近西班牙（Hispania Citerior），從庇里牛斯山到卡塔赫納（Cartagena）的東海岸地區，以及南部的遠西班牙（Hispania Ulterior），現在瓜達基維河谷地區。近西班牙的行政和商業中心是塔拉戈（Tárraco），現稱塔拉戈納（Tarragona）。塔拉戈城中有許多雄

偉的建築，是羅馬帝國在其他地區的城市規畫典範，現在塔拉戈納這些羅馬遺跡成為伊比利半島羅馬化的重要見證，展現出古代羅馬帝國省城首府的風貌，因此塔拉戈考古遺址在2000年列入世界遺產名錄。

　　後來，羅馬帝國再將伊比利半島分成三個省：貝提卡（Bética），現今安達魯西亞地區；塔拉戈西班牙（Tarraconense），現今伊比利半島三分之二的北半部；盧西塔尼亞（Lusitania），現今葡萄牙及西班牙西南部。

　　盧西塔尼亞的首府是Augusta Emerita，是羅馬皇帝奧古斯都在西班牙戰役結束後建立的城市，即今梅里達（Merida）。舊城遺址迄今完好，包括瓜迪亞納河上的大橋、完善的供水系統、圓形鬥獸場、羅馬劇場和競技場，是古羅馬帝國外省首府建設的傑出典範，因此梅里達考古群於1993年入選世界遺產。這個遺址現在依舊在當地人的生活裡，每年在羅馬劇場舉行的梅里達國際古典戲劇節（Festival Internacional de Teatro Clásico de Mérida），讓舞台重現當年風光。

| 1 | 2 | 4 |
| | 3 | |

1　塔拉戈納的羅馬競技場。

2　塔拉戈納的羅馬賽車場。

3　梅里達的古羅馬橋，照片提供：埃斯特雷馬杜拉政府（Imagen cedida por Gobierno de Extremadura）。

4　梅里達的羅馬劇場，照片提供：埃斯特雷馬杜拉政府（Imagen cedida por Gobierno de Extremadura）。

↑　Las Médulas，照片提供：卡斯提亞－雷昂旅遊局（Imagen cedida por Turismo de la Junta de Castilla y León）。

羅馬帝國在伊比利半島也有顯著的經濟發展和繁榮產業，工商業活動在西班牙留下一個歷史見證：位於西班牙西北部雷昂省（León）的拉斯梅杜拉斯（Las Médulas）。

Las Médulas在當地語是「一堆錐形物」的意思，曾是羅馬帝國最大的露天金礦廠，遠在一世紀時古羅馬人就利用水利技術採金淘金，獨特的礦山景觀因此成形。經過兩個世紀的開採後，就未再進行過任何工業活動，因此完整保留了古代採礦技術的遺跡。現在綠意中可以看到裸露的山崖峭壁，山腹中還有當年採礦的隧道，因此在1997年列為「世界文化遺產」，而不是「世界自然遺產」！

塞哥維亞的主教座堂，照片提供：塞哥維亞旅遊局（Imagen cedida por Turismo de Segovia）。

　　羅馬帝國留下來的另一個重要的工程是塞哥維亞的引水橋（Acueducto de Segovia）。這個宏偉雙拱建築建於西元一世紀，總長超過一萬五千公尺，共有167個拱，最高處離地面28,1公尺，迄今仍保存完好，是羅馬世界中最重要的引水橋，至今仍是是西班牙最好的土木工程之一，也是塞哥維亞歷史古城裡一道明顯獨特的天際線，因此這個引水橋和塞哥維亞古城裡的中世紀遺跡，包括摩爾人區、猶太區、建於公元11世紀的城堡（Alcázar）和建於16世紀的哥德式主教座堂，均在1985年列為世界遺產。

5-2

古羅馬時期

↑　塞哥維亞的引水橋，照片提供：塞哥維亞旅遊局
（Imagen cedida por Turismo de Segovia）。

加利西亞地區（Galicia）雖然遠在伊比利半島的西北角，但是羅馬帝國也曾在此建設，其中有兩座建築物至今仍矗立在原處。

一座是修建於公元三世紀末期到四世紀初期、用於防衛羅馬時期的盧古斯（Lucus）的城牆，現在此城稱為盧戈（Lugo），長達兩千多公尺的城牆依然完整如昔，是羅馬帝國晚期最完美的防禦建設之一，也是保存得最完善的古羅馬堡壘之一，因此在2000年列為世界遺產。

另一座是目前唯一還在使用的古羅馬燈塔：位於拉科魯尼亞（La Coruña）的海克力士塔（Torre de Hercules）。此塔建於公元一世紀，兩千年後依然矗立在同一個地方，繼續執行著它最早的使命：指引航行於歐洲Finisterrae（意指陸地的盡頭）的船隻，所以稱為「世界上仍在運作的最古老燈塔」，2009年列為世界遺產。 ✍

5 - 3

西哥特時期

　　從西元三世紀起,羅馬帝國政權在伊比利半島逐漸式微,半島也慢慢「去羅馬化」,反而是當時被認為是野蠻民族的日耳曼部落逐漸「羅馬化」,而因匈人遷徙而被允許進入帝國領域的西哥特人(Visigodo)則是其中最羅馬化的部落之一。公元406年,日耳曼部落入侵羅馬帝國,409年進入伊比利半島,瓜分了半島西部。而西哥特王亞拉里克(Alarico)

率軍在410年攻陷羅馬城,挾走洪諾留大帝的妹妹加拉(Gala Placidia)公主當人質,逃避羅馬帝國軍隊的追擊,最後於414年翻越庇里牛斯山,進入伊比利半島,先以巴塞隆納為首都,最後於六世紀定都於托雷多(Toledo)。直到公元711年,西哥特王國因為王位繼承問題,引起北非的摩爾人入侵,才結束了長達三百年的西哥特人統治。

托雷多城的歷史長達兩千多年，從羅馬帝國統治下的城市成為西哥特王國的首都，再成為哥爾多巴酋長國的要塞，之後又是天主教諸小國與摩爾人戰鬥的前線。到了16世紀，成為卡洛士一世（查理五世）的政治中心。中世紀的托雷多因為猶太教、天主教和伊斯蘭教在此和平共存，而成為不同文明融合的結晶，而12世紀成立的「托雷多翻譯學院」（Escuela de Traductores de Toledo）更是歐洲和阿拉伯世界的橋樑，學院的譯者把伊斯蘭教人經由拜占庭帝國傳來的希臘哲學、宗教、科學、天文、物理、煉金術等書籍由阿拉伯文翻譯成拉丁文和卡斯提亞文。托雷多的光輝又因為16世紀的畫家葛雷柯（El Greco）的畫作而更加耀眼，古城於1986年入選世界遺產。

西哥特王國的君主在六世紀末成為天主教徒，天主教的修道和修道院組織也在同一時期引進西班牙，其中最有名的應是聖米揚修道院。聖米揚修士於六世紀時在荒山裡鑿山石為棲身之處，禁欲苦修，後來又有一些修士加入他的苦修行列。他高齡去世之後，弟子們把他葬在他苦修的山洞裡，然後利用山洞來修建修道院，就是上方的聖米揚修道院（Monasterios de San Millán de Suso，Suso是「上方」之意）。後來修道院不斷擴建，從六、七世紀的原始建築開始，到十世紀擴建之後舉行奉獻禮，至今仍保存著當時仿羅馬式和摩爾阿拉伯（Mozarabe，指在伊斯蘭教徒統治下的西班牙天主教人）風格。11世

↓　托雷多城。

紀時，又在山腳下興建另一個文藝復興和巴洛克式修道院，就是下方的聖米揚修道院（Monasterios de San Millán de Yuso，Yuso是「下方」之意），算是上方的聖米揚修道院的擴建部分，因為聖米揚修道院在西班牙的天主教史、建築和藝術史上的重要地位，於1997年列為世界遺產。

聖米揚修道院在西班牙文學上也有其重要影響，因為這個修道院出了不少古抄本，其中有兩部不是用拉丁語，而是用西班牙語寫的，因此聖米揚修道院就成為西班牙語的發源地，也因為13世紀時住在修道院的神父詩人貝賽歐（Gonzalo de Berceo），聖米揚修道院還成為西班牙文學的起源。

現在在下方的聖米揚修道院房舍的一翼，還有個聖米揚修道院旅店（Hostería del Monasterio de San Millán），旅人可以住在世界遺產改建的旅店裡！🪶

1　2
3　4

1.2　下方的聖米揚修道院，照片提供：
　　　拉里奧哈旅遊局（Imágenes cedidas
　　　por La Rioja Turismo）。

3　　上方的聖米揚修道院，照片提供：拉
　　　里奧哈旅遊局（Imagen cedida por
　　　La Rioja Turismo）。

4　　聖米揚修道院古抄本，照片提供：拉
　　　里奧哈旅遊局（Imagen cedida por
　　　La Rioja Turismo）。

5 - 4

天主教人與摩爾人

　　710年，西哥特王國的王位繼承人為了爭奪王位而尋求北非摩爾人的幫助，從此引摩爾人入伊比利半島。

　　711年，摩爾人大舉入侵，取代西哥特人在伊比利半島的統治地位，開始了為期近八百年的伊斯蘭統治，也開始了長達幾世紀、天主教徒和伊斯蘭教徒的戰爭與和談，直到1492年為止。而從711年到1492年間被摩爾人統治的伊比利半島則稱為安達魯斯（Al-Ándalus），即今西班牙南部的安達魯西亞自治區。

　　在10世紀、摩爾人統治的鼎盛時期，阿拉伯文化對西班牙文化的形成產生重大影響。不少關於行政、建築、數學、醫藥等領域的西班牙詞彙來自阿拉伯文，阿拉伯數字的使用促進了科學發展，天文、醫藥、數學、建築等均有輝煌成就，透過阿拉伯人也引入許多經濟作物（如茄子、西

瓜、柑桔等）。而古希臘哲學家亞里斯多德等人的著作及《聖經》、《古蘭經》等，更透過阿拉伯人和猶太人的翻譯傳到歐洲各地。

　　甚至到今天，伊斯蘭文化仍以絕美的古蹟建築形式融合在西班牙的城市裡。

　　哥爾多巴（Córdoba）是安達魯西亞的歷史中心，它最輝煌的時期始於公元8世紀。當時城裡約有三百座清真寺和無數的宮殿和公共建築，富裕媲美君士坦丁堡、大馬士革和巴格達。在此還出了兩位重要人物：伊斯蘭教醫生阿威羅伊（Averroes）和猶太思想家邁蒙尼德（Maimonides）。

　　哥爾多巴的大清真寺建於一座西哥特教堂原址的上面，雖然受大馬士革清真寺的影響，卻展現出當時的創新技術，堪稱是阿拉伯世界的建築傑作。森林狀的柱子、紅白相間的圓拱讓哥爾多巴哈里發成為中世紀穆斯林世界西方藝術的代表。大清真寺在伍麥亞王朝曾受到多次改建，13世紀摩爾人被驅逐出哥爾多巴之後，天主教人在大清真寺內建造教堂的正殿，大清真寺遂成為天主教的主教座堂，因此，它的結構有伊斯蘭式拱，壁龕有拜占庭馬賽克，赦免之門具穆德哈爾式風格，十字交叉處則是文藝復興時期風格。

↑↑　哥爾多巴的大清真寺，照片提供：哥爾多巴旅遊局（Imágenes cedidas por el Consorcio de Turismo de Córdoba）。

5-4
天主教人與摩爾人

1	4	5
2		6
3		

1　哥爾多巴的羅馬橋，照片提供：哥爾多巴旅遊局
　（Imagen cedida por el Consorcio de Turismo de
　Córdoba）。

2　哥爾多巴的猶太會堂，照片提供：哥爾多巴旅遊
　局（Imagen cedida por el Consorcio de Turismo
　de Córdoba）。

3.4　哥爾多巴的大清真寺，照片提供：哥爾多巴旅
　遊局（Imágenes cedidas por el Consorcio de
　Turismo de Córdoba）。

5.6　埃爾切的棗椰樹林，照片提供：埃爾切旅遊局
　（Imágenes cedidas por Visitelche）。

　　除了大清真寺之外，它周圍的環境也反映出不同文化在幾世紀以來留下的遺跡，從最早的羅馬人、西哥特人到伊斯蘭教、猶太教和天主教，因此，哥爾多巴的歷史中心於1984年入選世界遺產，更在1994年延伸指定項目。其中包括聖巴西利奧區（San Basilio）狹窄的街道、羅馬橋、卡拉奧拉塔、天主教雙王城堡、大主教府、聖塞巴斯蒂安老醫院、猶太會堂、哈里發浴池、特耶斯溫泉等。

　　阿薩阿拉古城（Medina Azahara）距離哥爾多巴城七公里，是十世紀由科爾多瓦的哈里發王阿卜杜拉赫曼三世下令在莫雷納山（Sierra Morena）腳下建的豪華城市，是哈里發的行政和居住之地，但在建城70年後因為內戰而沒落，從此遭到遺忘。直到一千年後，阿薩阿拉古城的遺跡才挖掘出來，在2018年列為世界遺產。

　　摩爾人在西班牙的許多城鎮都留下不少建築古蹟，卻為埃爾切（Elche）這個城市留下一片棗椰林。

　　至今無法證實是腓尼基人、羅馬人還是摩爾人引進棗椰樹到埃爾切，但是摩爾人為了發展當地農業，在耕地四周大量種植這種不太需要水分的植物，並建造完善的灌溉系統，在貧瘠無水的土地上創造了農業耕作的奇蹟。直到現在，這個中世紀的灌溉系統依舊，是歐洲大陸唯一曾有過阿拉伯式農業的地區。而埃爾切城裡20萬株棗椰樹也成為歐洲大陸最大的棗椰林，除了生產椰棗內銷之外，還供應整個西班牙在復活節前的聖枝主日應景的棕櫚樹

枝。因此，埃爾切的棗椰樹林於2000年入選世界遺產。

西班牙在地中海的馬約卡島曾相繼被外族入侵，而每個外族均在馬約卡島西北海岸的特拉蒙塔納山區（Serra de Tramuntana）留下文化足跡，例如史前文化遺跡、羅馬時期遺跡、伊斯蘭灌溉系統、天主教人種植橄欖樹和葡萄的技術等。幾百年來，當地人在此巧妙地利用堅硬的土質和陡峭的山形，在資源匱乏的環境中建立了以梯田和水渠網路來種植橄欖的農業系統，因此在特拉蒙塔納山區留下獨特的文化景觀，是人類適應自然資源，創造出由堡壘、教堂、城鎮、梯田、水渠組成的環境，因此，特拉蒙塔納山區的文化景觀於2011年入選世界遺產。

當伊斯蘭文化在伊比利半島南邊綻放時，西班牙的北部慢慢形成中世紀天主教徒的天下，他們跟伊斯蘭教人留下來的文化遺產同時並列於世界遺產的名單中。

阿斯圖里亞斯王國（Reino de Asturias）是西哥特王國被摩爾人滅國後，伊比利半島上的第一個天主教王國，是當時半島上唯一非伊斯蘭教統治的地區。9世紀時，它的首

府奧維耶多（Oviedo）和其周圍發展出一種新的前仿羅馬式建築風格，展現在諸多宗教建築上，影響了後來半島地區宗教建築的演進，因此，奧維耶多和阿斯圖里亞斯王國古建築群（前仿羅馬式風格）於1985年入選世界遺產，更在1998年延伸指定項目，包括納蘭科聖瑪麗亞教堂（Iglesia de Santa María del Naranco）、利由的聖彌額爾教堂（Iglesia de San Miguel de Lillo）、雷那的聖克里斯蒂納教堂（Iglesia de Santa Cristina de Lena）、布拉多的聖朱利安教堂（Iglesiade San Julián de los Prados）、聖薩爾瓦多主教座堂的聖室（Cámara Santa de la catedral de San Salvador），以及建於同時代的水利工程豐卡拉達泉（La Foncalada）等。

同樣在9世紀時，人們在奧維耶多城西邊三百公里外的地方，發現了聖雅各伯安葬之地，於是那附近開始有人煙，有朝聖的人群，漸漸地這個小聚落就成為大城市，聖地牙哥·德·孔波斯特拉城。

| 1 | 2 | 3 |

1　特拉蒙塔那山區的文化景觀，攝影：Pedro Coll，照片提供：巴利阿里群島旅遊局（Imagen cedida por Agència de Turisme de les Illes Balears）。

2　利由的聖彌額爾教堂，攝影：José Suárez，照片提供：阿斯圖里亞斯旅遊局（Sociedad Pública de Gestión y Promoción Turística y Cultural del Principado de Asturias）。

3　布拉多的聖朱利安教堂，攝影：Arnaud Späni，照片提供：阿斯圖里亞斯旅遊局（Sociedad Pública de Gestión y Promoción Turística y Cultural del Principado de Asturias）。

　　這個地名的意思是「繁星原野的聖地牙哥」（Santiago de "Campo de Estrellas"），它曾在10世紀末期遭到伊斯蘭教徒的嚴重毀壞，但在11世紀又徹底重建，是朝聖的終點站。城中最具歷史的古跡都集中在供奉聖雅各伯聖骨的主教座堂及其周圍，主教座堂始建於1075年，至今仍保存著仿羅馬式風格的榮耀門（Pórtico de la Gloria）和巴洛克式立面。城內至今亦保存著各式仿羅馬式、哥德式、文藝復興式、巴洛克式和新古典主義式建築，堪稱世界上最美麗的歷史古城之一，於是聖地牙哥・德・孔波斯特拉古城在1985年入選世界遺產。

↑　聖雅各伯朝聖之路，攝影：Noé Baranda Ferrero，照片提供：阿斯圖里亞斯旅遊局（Imagen cedida por Turismo de Asturias）。

　　最早的聖雅各伯朝聖之路是從奧維耶多到聖地牙哥・德・孔波斯特拉為止。繼阿斯圖里亞斯王國之後，伊比利半島北邊開始形成幾個天主教小王國，包括班普隆納國王（Reino de Pamplona）、雷昂國王、阿拉貢國王等，而這些天主教諸國從11世紀開始就不斷推廣、建設朝聖之路，因此形成中世紀最重要的一條朝聖之路：現今聖雅各伯朝聖之路的法蘭西之路（Camino Francés）。另外從伊比利半島各地也走出不同的聖雅各伯朝聖之路，包括北方之路（Camino del Norte）、銀之路、葡萄牙之路（Camino Portugués）、英國之路（Camino Inglés）等，成為西班牙天主教反抗伊斯蘭教的重要象徵，而朝聖的人潮可以跟羅馬和耶路撒冷相提並論。

　　聖雅各伯朝聖之路對中世紀的伊比利半島和歐洲其他地區的文化交流有很大貢獻，並推動所經之地的文化和經濟發展，不但在藝術和文化上留下重要資產，更

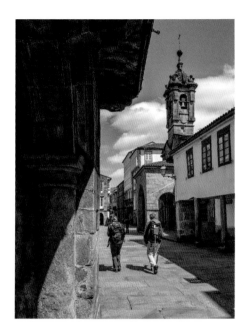

5-4

天主教人與摩爾人

聖地牙哥・德・孔波斯特拉城，照片提供：加利西亞旅遊局（Imágenes cedidas por Turismo de Galicia）。

富含重要的歷史意義。從法國邊境到聖地亞哥‧德‧孔波斯特拉，沿路有1800座歷史意義重大的宗教和非宗教建築。一直到今天，聖地牙哥朝聖之路仍是歐洲天主教信仰的重要見證，因此於1993年入選世界遺產。

在伊比利半島北邊天主教諸國之間，阿拉貢王國也經歷中世紀的文化交流，其中11世紀時的博伊谷地（Vall de Boí）就是一個絕佳例子。

狹小的博伊谷地位於阿拉貢王國的庇里牛斯山區，被群山環繞，從11到13世紀，源於義大利北部的仿羅馬式風格跨越庇里牛斯山的障礙，在此地綻放。仿羅馬式建築和藝術遍布在博伊谷地的各個村落，在周圍較高的山坡上還有廣大的放牧場。它的一致性讓博伊谷地成為歐洲唯一在同一期間建造出如此風格一致教堂的地區。因此，博伊谷地的九座仿羅馬式教堂（Catalan Romanesque Churches of the Vall de Boí）在2000年被列為世界遺產。

↑　　博伊谷地的仿羅馬式教堂，攝影：Miau Miau MB。

　　中世紀的阿拉貢王國還有一個值得一提的建築群：波布雷特修道院。

　　1150年，阿拉貢王國在塔拉戈納省（Tarragona）成立熙篤會的波布雷特修道院，全名是「波布雷特聖母馬利亞皇家修道院」（Reial Monestir de Santa Maria de Poblet）。這個修道院建造於12、13世紀間，是阿拉貢王國的文化中心。圖書館豐富的典藏包括13世紀最早的手抄本，而且從12世紀以後，修道院就是阿拉貢王國皇陵的所在地，裡面還有個行宮。修道院的結構由三個封閉區域組成，外面有城牆環繞，城牆上有城垛和城塔。第一個區域在最外圍，建於16世紀，裡面有倉庫、工坊和普通住宅，都和修道院的經濟生活有關。經由黃金門可以通往第二個區域，裡面有個主廣場和窮人醫院。第三個區域在修道院的最核心地帶，教堂、迴廊、還有修士起居和祈禱的地方。波布雷特修道院宏偉的結構令人印象深刻，是全世界最大也最完整的熙篤會修道院之一，1991年列為世界遺產。

↓　　波布雷特修道院。

　　中世紀時，伊比利半島北部是天主教人的天下，南部則是伊斯蘭教人的勢力範圍，在天主教徒和伊斯蘭教人幾百年的爭戰間，位於伊比利半島中部的阿維拉（Ávila）則是兵家必爭之地。三百年的戰火中，伊比利半島中部的許多地區已成為「戰略沙漠」，人口逐漸減少。直到九世紀，在天主教雷昂國王的鼓勵下，人們再度遷居此地。為了保衛天主教領土，抵抗摩爾人的入侵，11世紀開始修建城牆。現今城牆的大部分重建於12世紀，周長2516公尺，高12公尺，平均厚3公尺，沿著城牆有87個半圓形城塔，以及九個城門，是全世界保存最完整的中世紀城牆之一。

　　阿維拉是典型的中世紀古城，蜿蜒狹窄的街道形成不規則的網絡，在城市的歷史中心有不少中世紀的民間和宗教建築，有許多教堂和修道院，又因聖女大德蘭出生於此，宗教大裁判長托爾克馬達（Torquemada）埋葬於此，阿維拉因此稱為「聖人和石頭之城」（Ciudad de Santos y Piedras）。

　　阿維拉城至今仍保持著中世紀的古樸風貌，哥德式主教座堂及其城牆正是最佳代表，阿維拉古城及古城牆周邊教堂在1985年入選世界遺產，更在2007年延伸指定項目。

1		
	2	3

1　阿維拉城牆，照片提供：卡斯提亞-雷昂旅遊局（Imagen cedida por Turismo de la Junta de Castilla y León）。

2　阿維拉的聖文生宗座聖殿，照片提供：卡斯提亞-雷昂旅遊局（Imagen cedida por Turismo de la Junta de Castilla y León）。

3　阿維拉的主教座堂和城牆，照片提供：卡斯提亞-雷昂旅遊局（Imagen cedida por Turismo de la Junta de Castilla y León）。

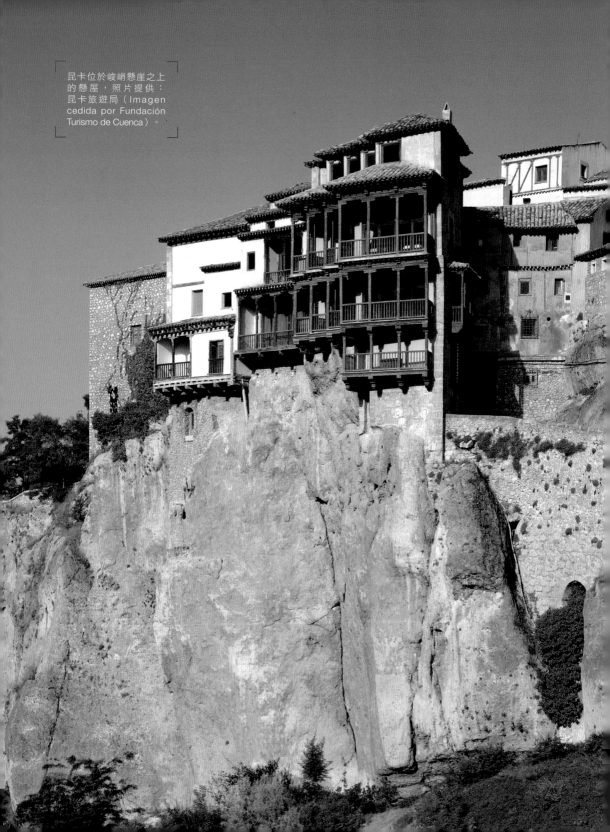

　　另一個中世紀古城昆卡（Cuenca）位於伊比利半島中部，俯瞰胡卡爾河（Júcar）和烏維卡爾河（Huécar）的峭壁之上，也是中世紀的兵家必爭之地，是摩爾人為軍防目的而建造的城壘。自從12世紀被天主教的卡斯提亞王國收復之後，天主教人和猶太人開始遷居於此，昆卡的人口開始增加，城市開始擴張，因此興建了許多重要建築，例如哥德式主教座堂和位於峻峭懸崖之上的著名懸屋等。16世紀是昆卡的全盛時期，是那一地區重要的經濟和行政中心。17世紀後，經濟開始沒落，宗教權力逐漸成為城市的主體。昆卡由於地勢優越，整個城市從周圍的鄉村和自然環境中突顯，特別引人注目，又因為它完好保存的中世紀要塞遺址，所以昆卡的歷史要塞古城在1996年入選世界遺產。

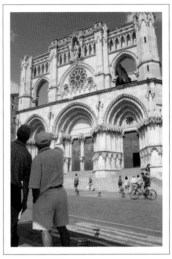

↑　昆卡的主教座堂，照片提供：昆卡旅遊局（Imagen cedida por Fundación Turismo de Cuenca）。

↑　　昆卡，照片提供：昆卡旅遊局（Imagen cedida por Fundación Turismo de Cuenca）。

卡薩雷斯（Cáceres）也跟阿維拉和昆卡一樣，因其特殊的戰略地位而成為中世紀的重要城市。歷史上，伊斯蘭教和天主教徒的爭戰呈現在卡塞雷斯城的建築中，城中現存有大約30座伊斯蘭教時期建造的高塔建築，其中以布哈科塔（Torre del Bujaco）最為著名。直到今天，仿羅馬式、伊斯蘭式、哥德式和義大利文藝復興式的建築風格和諧地融入卡薩雷斯，成為文化融合的非凡例子，所以卡薩雷斯的老城在1986年入選世界遺產。

不過，中世紀時期的西班牙，不只是天主教徒和伊斯蘭教人的爭戰，還有文化融合，其中最獨特的就是穆德哈爾式藝術風格（Mudejar Architecture）。

穆德哈爾式藝術風格與西班牙收復失地運動後特殊的政治、社會和文化狀況息息相關，因安達魯斯傳統建築工匠以及伊斯蘭教和天主教文化的共存而產生，盛行於12到16世紀的西班牙，既不屬於歐洲的藝術風格，也不屬於伊斯蘭的藝術風格，而是由特定背景和時期的文化、社會、政治融合的結果，是天主教、伊斯蘭教和猶太教三種截然不同的文化並存的結晶。

　穆德哈爾式藝術因伊斯蘭傳統融合了西方藝術元素語言，例如仿羅馬式、哥特式、文藝復興式和巴洛克式，而成為世界上獨一無二的藝術風格，特別是在鐘樓

5 - 4

天主教人與摩爾人

↓　卡薩雷斯，照片提供：埃斯特雷馬杜拉政府（Imagen cedida por Gobierno de Extremadura）。

↑　　卡薩雷斯，照片提供：埃斯特雷馬杜拉政府（Imagen cedida por Gobierno de Extremadura）。

↑　　建於9到11世紀的穆瓦希德城堡的蓄水池，現在屬於卡薩雷斯博物館的一部分，照片提供：埃斯特雷馬杜拉政府（Imagen cedida por Gobierno de Extremadura）。

5 - 4

天主教人與摩爾人

↑　穆德哈爾式建築的代表之一：薩拉戈薩的耶穌救主主教座堂，照片提供：阿拉貢旅遊局
（Imagen cedida por Turismo de Aragón）。

建築上，以高度複雜和巧妙利用磚和
釉陶而聞名。穆德哈爾式建築融合建
築、陶藝、雕刻和繪畫，在磚頭、石
膏、陶瓷、木材等簡單建材的使用
上，在幾何圖案、植物等紋飾圖案
上，在牆壁和天花板鑲板、馬蹄形拱
等建築元素上，均顯現出濃厚的東方
傳統，於是阿拉貢地區的穆德哈爾式
風格建築在1986年入選世界遺產，更
在2001年延伸指定項目。

　　自從摩爾人於711年入侵伊比利半
島，伊斯蘭教政權在將近八百年間分
分合合。從最早的奧美亞王朝，歷經
哥爾多巴酋長國、哥爾多巴哈里發、
哥爾多巴王國，之後分裂為十幾個小
國，再由穆拉比特王朝統一。接著是
穆瓦希德王朝，到13世紀，則是奈斯
爾王朝的格拉納達王國，首都也從最
早的哥爾多巴轉到最後的格拉納達。

　　面對摩爾人的侵略和占領，伊比利
半島原本信天主教的人民開始反抗。
阿斯圖里亞斯王國是伊比利半島上的
第一個天主教王國，接下來又有班普
隆納國王、雷昂國王、阿拉貢國王、
拉瓦納國王、卡斯提亞國王等，最
後，信奉天主教的各個小諸侯國經過
吞併、聯姻之後，伊比利半島中北部
形成卡斯提亞和阿拉貢兩大王國。

1469年，卡斯提亞王國的公主伊莎貝
爾與阿拉貢王國的王子費南多聯姻，
為兩個王國的統一奠定基礎。1474
年，伊莎貝爾公主成為卡斯提亞王國
的伊莎貝爾一世女王。1479年，費南
多王子繼位成為阿拉貢王國的費南多
二世國王，因為兩人篤信天主教，在
歷史上稱為「天主教雙王」（Reyes
Católicos）。

　　他們即位後就聯合兩國軍力，進
行收復失地戰役。1490年圍格拉納達
城。1491年11月25日，格拉納達的末
代國王穆罕默德十二世（西班牙人稱
他為Boabdil）和天主教雙王簽投降合
約。天主教雙王限他兩個月內離開格
拉納達。1492年1月2日，摩爾人首都

1 ｜ 2

1　穆德哈爾式建築的代表之一：聖馬丁塔，照片提供：特魯埃爾省旅遊局
（Imagen cedida por Turismo de Diputación Provincial de Teruel）。

2　阿蘭布拉宮，照片提供：安達魯西亞旅遊局（Imagen cedida por
Turismo de Andalucía）。

格拉納達正式陷落，伊比利光復運動宣告完成，開始天主教統治時期。

　　格拉納達是伊斯蘭統治的最後據點，也是穆斯林在西班牙13和14世紀的特殊見證。格拉納達城的阿蘭布拉宮（Alhambra）則是阿拉伯-西班牙式建築的經典之作，是伊斯蘭宮殿式的城市，裡面有個城堡，是格拉納達王國的宮廷和國王居住的華麗宮殿建築群，其中保持至今的有科瑪萊斯宮（Palacio de Comares）、獅子宮（Palacio de los Leones）等。可以說，阿蘭布拉宮是唯一保留下來的中世紀伊斯蘭教宮殿城市。皇宮旁的赫內拉利費花園（Generalife）建於13和14世紀之間，是統治西班牙的摩爾酋長休息的樂園，是個農莊式庭園，整合庭院、耕地、園林、建築和現代裝飾的花園。阿蘭布拉宮和阿爾巴伊辛區（Albaicin）位於兩個相鄰的丘陵，屬於中世紀格拉納達城的一部分，至今仍保留了原來的城市景觀和各種中世紀建築，融合在傳統地中海建築之間。1984年，阿蘭布拉宮和赫內拉利費花園入選世界遺產，後來在1994年擴張範圍，把阿爾巴伊辛區也列為世界遺產。🌀

1 ｜ 2

1　從阿爾巴伊辛看阿蘭布拉宮，照片提供：安達魯西亞旅遊局（Imagen cedida por Turismo de Andalucía）。

2　阿蘭布拉宮，照片提供：安達魯西亞旅遊局（Imagen cedida por Turismo de Andalucía）。

5-5

歐洲與美洲

統一西班牙的天主教雙王（阿拉貢國王費南多二世和卡斯提亞女王伊莎貝爾一世）共育有四女一子。

長女伊莎貝爾嫁給葡萄牙王子阿方索，阿方索去世後，再嫁阿方索堂兄曼紐（後來即位為曼紐一世），但是後來死於難產，兒子也夭折。

長子璜（Juan）娶神聖羅馬帝國公主，死於肺結核，沒有留下子嗣。

二女璜娜（Juana）嫁給神聖羅馬帝國王子，她的長子卡洛斯（Carlos）繼承西班牙王位，成為卡洛斯一世（德國的查理五世）。長女萊歐諾爾（Leonor）嫁給姨丈葡萄牙國王曼紐一世，成為他的第三任老婆。

三女瑪麗亞（Maria）在姊姊伊莎貝爾去世後，嫁給姐夫葡萄牙國王曼紐一世，成為他的第二任老婆，生下十個子女，其中一位是伊莎貝爾，嫁

給表哥卡洛斯一世。瑪麗亞去世後，葡萄牙國王曼紐一世再娶老婆的外甥女萊歐諾爾當第三任老婆。

四女卡塔麗娜（Catalina）先嫁給英國國王亨利七世的長子威爾斯王子亞瑟，獲得威爾斯王妃的頭銜。但兩人婚後幾個月內，亞瑟王子就病逝了。亨利七世建議將卡塔麗娜嫁給自己的次子亨利，後來教宗表示同意此婚姻之後，卡塔麗娜與當時只有12歲的小叔訂婚。在亨利七世駕崩後，他17歲的次子登基成為亨利八世，娶卡塔麗娜為妻，婚後生下瑪麗。後來亨利八世移情別戀，為了離婚不惜和教廷鬧翻，自創新教，跟卡塔麗娜離婚。亨利八世去世後，瑪麗繼承王位，成為瑪麗女王。之後恢復天主教，廢除新教，殺害異端人士，因此有「血腥瑪麗」之稱。

天主教雙王的二女璜娜一心全在

好色風流的美王子夫婿菲利普身上，菲利普28歲早逝後，璜娜因此發瘋，還多次下令開棺。她母親伊莎貝爾女王去世後，由她繼承王位，卻由她父皇攝政。1516年，費南多去世，璜娜和菲利普的長子卡洛斯因此成為卡斯提亞和阿拉貢國王，稱為卡洛斯一世。1519年，神聖羅馬帝國馬克西米連一世去世後，卡洛斯即位為神聖羅馬帝國皇帝，在德國稱為查理五世。

　　卡洛斯一世統治的範圍包括西班牙、西西里島、那不勒斯、撒丁島、奧地利、尼德蘭（荷蘭）、比利時、盧森堡、弗朗什-康堤、西班牙在美洲和亞洲的殖民地、北非的突尼斯和奧蘭等地，成為橫跨四大洲的日不落帝國，歐洲最強大的國家。

　　卡洛斯一世娶了表妹葡萄牙公主伊莎貝爾之後，生有三女三子，後來伊莎貝爾去世，為了協助瑪麗女王在英國恢復天主教，他還和瑪麗女王訂婚，只是後來無意再婚。在卡洛斯一世去世之後，瑪麗女王和卡洛斯一世的長子、繼承王位的菲利普二世結婚，也就是說，菲利普二世娶了他的表姑媽（他爸爸的表妹）為妻。

↖↓　聖馬利皇家修道院，照片提供：埃斯特雷馬杜拉政府（Imágenes cedidas por Gobierno de Extremadura）。

因此，菲利普二世身兼西班牙國王和英國親王，瑪麗身兼英國女王和西班牙王后。如果菲利普二世和瑪麗女王有一男半女，英國和西班牙就會合一了。

可惜瑪麗死後無嗣，英國王位由她的異母妹妹伊莉莎白繼承，不但恢復新教，還和姊夫菲利普二世狠狠地打了一仗。菲利普二世的無敵艦隊大敗後，國勢鼎盛的西班牙開始停滯不前，同時開啟了伊莉莎白一世的盛世。

1492年，天主教人光復伊比利半島，在同一年，哥倫布帶著天主教雙王的資助出發，於10月12日發現新大陸，而代表著西班牙這兩大事件的則是位於埃斯特雷馬杜拉自治區的瓜達路貝的聖馬利亞皇家修道院（Real Monasterio de Santa María de Guadalupe）。

八世紀時，有個牧羊人在瓜達路貝河附近發現一尊聖母雕像，決定建造小教堂來安置它。1340年，卡斯提亞王國的阿方索十一世國王在戰役前祈求聖母保佑，凱旋歸來後便擴建這個小教堂，成為皇家聖所，從此成為人們朝聖之地和西班牙宗教建築、歷史的重要見證，修道院裡有醫學院、醫院、圖書館等。

1492年，天主教雙王打敗伊斯蘭教人、收復失土之後，也到瓜達路貝的聖馬利亞皇家修道院還願。天主教女王伊莎貝爾還把遺囑交由修道院的修士保管，哥倫布也曾在出海前到此四次，其他到此朝聖的名人還包括各代的王宮貴族、被封聖的歷代聖人、文學家如塞萬提斯、詩人劇作家如洛佩・德・維加（Félix Lope de Vega Carpio）、殖民者如埃爾南・科特斯（Hernán Cortés）等。瓜達路貝的聖馬利亞皇家修道院的建造歷時四個世紀，是非常和諧的建築群，最明顯的是哥德式和穆得哈爾式風格，文藝復興到巴洛克到新古典主義等其他風格的特殊元素也融合在內，而最具藝術價值的是它美麗的穆德哈爾式的立面、迴廊、聖母小教堂、唱詩席等，修道院於1993年入選世界遺產。

　　跟瓜達路貝的聖馬利亞皇家修道院建於同時期的是布爾哥斯的主教座堂。

　　布爾哥斯（Burgos）的主教座堂始建於13世紀，幾乎與巴黎聖母院同時。15世紀完成正立面，16世紀完成十字交叉點上方的圓頂，哥德式藝術的歷史淋漓盡致地表現在超凡的建築和獨特的藝術品收藏（繪畫、彩色玻璃、墓碑、聖歌隊席等），裡面還有一個從中世紀就有的報時人偶，會一邊張嘴一邊敲鐘，叫作Papamoscas。此外，裡面還安葬著伊比利光復運動的傳奇人物席德和妻子希梅娜，在1984年入選世界遺產，是西班

1　2　4
　　3
1　　聖馬利亞皇家修道院，照片提供：埃斯特雷馬杜拉政府（Imagen cedida por Gobierno de Extremadura）。
2-3　布爾哥斯的主教座堂，照片提供：卡斯提亞-雷昂旅遊局（Imágenes cedidas por Turismo de la Junta de Castilla y León）。
4　　布爾哥斯主教座堂的報時人偶，照片提供：卡斯提亞-雷昂旅遊局（Imagen cedida por Turismo de la Junta de Castilla y León）。

牙唯一單獨被聯合國教科文組織列入世界遺產名單的主教座堂。西班牙其他城市如薩拉曼卡、聖地牙哥・德・孔波斯特拉、阿維拉、哥爾多巴、雷昂、昆卡、塞維亞等的主教座堂，是跟城市的歷史中心並列世界遺產的。

　　1492年，薩拉曼卡大學的內波里哈教授（Antonio de Nebrija）編出第一本卡斯提亞語字典和文法書，成為源於拉丁語的獨立語言，從此開始西班牙文學上的黃金世紀，直到1681年，西班牙文學家卡爾德隆・德・拉・巴爾卡（Calderón de la Barca）去世為止。

　　而這黃金世紀，跟大學的創設不無關係。

　　埃納雷斯堡（Alcalá de Henares）建於羅馬時期，經歷西哥特統治之後，七世紀時被摩爾人占領，1118年又被天主教人收復。這種宗教和文化的融合清楚地顯示在城市裡，往南方是天主教區，往東是猶太區，往北部是伊斯蘭區。1499年，紅衣主教西斯內羅斯（Cisneros）在此成立大學，以實現他夢想中的「上帝之城」（Civitas Dei），創下世界上第一座規畫為大學城的都市。沒多久，在此就有超過25個初級學院，到16世紀晚期已有上千名學生。半世紀後，大文豪塞萬提斯出

↑　阿爾卡拉大學，照片提供：馬德里旅遊局（Imagen cedida por Dirección General de Turismo de Comunidad de Madrid）

↑　塞維亞的西拉達塔，照片提供：塞維亞旅遊局（Imagen cedida por Turismo de Sevilla）。

生於埃納雷斯堡，他的《唐吉訶德》（*Don Quijote de la Mancha*）後來成為西方文學中最偉大的文學作品之一。而這大學城的形式被西班牙傳教士帶到美洲成為理想城市社區的典範，也成為歐洲或是全世界大學的設計雛形。因此，埃納雷斯堡的歷史城區和大學於1998年入選世界遺產。

早在13和14世紀，塞維亞就是伊斯蘭教和天主教文化融合之地。而哥倫布發現美洲後，塞維亞就成為通往新大陸的唯一跳板，是唯一能跟美洲殖民地通商的港口。位於塞維亞中心的主教座堂、皇家城堡和印地安檔案館共同組成了非凡的古跡建築群，均跟美洲有關。

16世紀末，菲利普二世在塞維亞興建交易所。到了18世紀，卡洛斯三世利用它為印地安檔案館，收藏所有殖民地征服的檔案和存放早期殖民者和美洲之間的寶貴檔案文獻。現在如果把檔案館的書架排成一列，總共有九公里長，所有文件的總頁數高達八千萬，另外還有八千份地圖以及來自殖民地的行政機構的圖稿。

在印地安檔案館的旁邊是塞維亞主教座堂，建於12世紀的清真寺之上，共有五個大殿，是全世界面積最大的哥德式教堂，長126.18公尺，寬82.6公尺，高30.48公尺，發現新大陸的哥倫布安葬於此。主教座堂裡最明顯的西拉達塔（Giralda）曾是當時世界

↑　印地安檔案館，照片提供：印地安檔案館（Fotografías Cortesía del Archivo General de Indias de Sevilla）。

↑　塞維亞的皇家城堡，照片提供：安達魯西亞旅遊局（Imagen cedida por Empresa Pública Para la Gestión del Turismo y del Deporte de Andalucía）。

↑　　瓦倫西亞的絲綢交易所亞，照片提供：瓦倫西亞旅遊局（Imagen cedida por Turismo Valencia）。

上最高的塔，據說建造西拉達塔時，當地的宗教領袖年事已大，為了方便他登塔而建造斜坡直達塔頂，讓他可以直接騎馬上去。西拉達塔曾是伊斯蘭教的叫拜樓，也是天主教的鐘樓，還是敲鐘人的居所、穀倉、崗樓、祈晴台（連續40天大雨後祈求雨停的地方）等。

　　在印地安檔案館的另外一邊是皇家城堡（Real Alcázar）。Alcázar在西班牙文是指具有防禦工事的城堡。塞維亞的皇家城堡是一棟宮殿式裝潢的武裝建築，由伊斯蘭教人建於11世紀，歷年來不斷增建，具有伊斯蘭教、穆得哈爾式、哥德式、文藝復興式和巴洛克式風格，是全世界還在使用的歷史最悠久的宮殿。塞維亞的主教座堂、皇家城堡和印地安檔案館在1987年入選世界遺產。

　　自從哥倫布發現新大陸後，西班牙開始與美洲殖民地通商，海權由地中海轉至大西洋，但是地中海的貿易並不因此而衰退。位於瓦倫西亞的歷史老城、建於1482至1533年間的瓦倫西亞絲綢交易所（La Lonja de la Seda de Valencia），就是15、16世紀地中海地區商業交易中心。這個絲綢買賣的地方一直都有商貿交易的功用，是火焰式哥德風格建築的傑作，巨大的長方形立面、精美的門窗、貴族的家徽、冠狀的城垛、宏偉的交易大廳等，在在展現出15至16世紀地中海商城的權力和財富，於1996年入選世界遺產。

　　發現新大陸後，西班牙人開始到殖民地掏金，當時沒挖到金礦，卻找到銀礦。

　　古時人們用混汞法來提煉純銀，而水銀是提取白銀的重要材料，當年提供大量水銀的則是西班牙的阿爾馬登（Almadén）和斯洛維尼亞的伊德里亞這兩個地方。阿爾馬登自羅馬時期即盛產水銀，開採水銀的歷史長達兩千年，並持續運作至近代，

↑　阿爾馬墊礦區園，照片提供：阿爾馬墊礦區園（Imagen cedida por Parque Minero de Almadén）。

是世界上水銀礦藏量最大的地方，收藏了歷代開採水銀的重要技術，也是開啟歐美數百年水銀國際貿易的城市，因此，西班牙的阿爾馬登和斯洛維尼亞的伊德里亞水銀礦業遺址在2012年共同入選世界遺產。

　　在西班牙眾多殖民地中，位於加納利群島、簡稱拉

↑　拉古納的聖克里斯托瓦爾，照片提供：加那利群島旅遊局（Imagen cedida por Promotur Turismo de Canarias）。

拉古納（La Laguna）的拉古納的聖克里斯托瓦爾（San Cristóbal de La Laguna）是第一個不設防的西班牙殖民城鎮，1496年建於潟湖沼澤地旁邊；Laguna就是「潟湖」的意思。拉拉古納是歐洲和美洲文化交流和影響的例子，有兩個核心區，「上城」建於潟湖邊，無城市規畫，「下城」在一公里外，經過精心規畫而成，是第一個依據科學原理規畫的理想城市區，城中寬闊的街道、開闊的空間後來則成為許多美洲殖民城市的典範。拉拉古納至今仍保存著原始的城市規畫，幾乎涵蓋所有的歷史建築群，其中有六百多棟這五百年來的古蹟，包括教堂、公共建築和各式私人住宅，在1999年列為世界遺產。

　　1561年菲利普二世遷都，把首都從托雷多移至馬德里。現在的普拉多大道（Paseo del Prado）是西班牙式林蔭大道的原型，自16世紀開始發展，周圍的文化景觀代表了18世紀盛行的城市空間和發展的新概念，因此於2021年入選世界遺產，包括：普拉多大道、馬德里最著名的大地女神希栢利噴泉和海神涅普頓噴

↑　烏貝達的主教座堂及廣場，照片提供：烏貝達旅遊局（Imagen cedida por Concejalía de Turismo del Ayuntamiento de Úbeda）。

泉，以及占地120公頃的雷提洛公園及藝術與科學景觀之地。

　　1557年，菲利普二世的軍隊在聖羅倫佐紀念日那一天在聖昆廷戰役（Batalla de San Quintín）凱旋而歸。為了還願，菲利普二世於1563年下令在馬德里山邊修建艾斯柯里亞皇家修道院（Real Monasterio del Escorial），紀念聖羅倫佐。後來，這個修道院還成為西班牙皇家的皇陵，象徵那個時代天主教君主的權力。整個修道院的設計採用長方形結構，此一簡樸且與眾不同的建築風格影響了西班牙半個多世紀。修道院是國王避靜和隱居之所，也曾是世界政治權力中心。整個修道院除了有聖熱羅尼莫會的修士之外，還有皇宮、學校、神學院、圖書館、宏偉的教堂、庭院、迴廊、花園、菜園、工匠之家和皇家僕役住所等，規模龐大遠遠超過修道院的功能，因此在1984年入選世界遺產。

↓　巴埃薩的主教座堂內部，照片提供：巴埃薩旅遊局（Imagen cedida por Concejalía de Turismo del Ayuntamiento de Baeza）。

　　菲利普二世雖然建造簡樸嚴肅的艾斯柯里亞皇家修道院，卻也開啟阿蘭胡埃斯行宮（Palacio Real de Aranjuez）歷經三百多年的經營。16世紀起，阿蘭胡埃斯在菲利普二世時成為行宮，後來經歷費南多六世、卡洛斯三世和伊莎貝爾二世從18至20世紀的經營，建造出複雜的文化景觀，反映出人道主義和政治集權的演變，也反映出法國風格的花園和啟蒙時代城市生活的演變，以及栽種植物和飼養牲畜的科學方式的進化。因此，阿蘭胡埃斯的文化景觀在2001年入選世界遺產，包括河流、渠道、河岸樹林、灌溉系統、傳統的液壓結構、菜園、花園、街道、皇宮和18世紀小鎮，是西班牙在世界遺產名錄上第一個人文景觀。

　　1492年後，西班牙一躍成為歐洲強國，在16、17世紀的全盛時期，皇室成為藝術文化的贊助者，西班牙的文學、藝術、建築、繪畫、雕刻等因此蓬勃發展。除了上述的世界遺產之外，這個時期還留下葛雷柯和維拉茲蓋茲等世界級大畫家的藝術作品。

　　位於哈恩的烏貝達（Úbeda）和巴埃薩（Baeza），在16、17世紀因為交通網絡和地理位置以及當地貴族和教會的強大勢力，其社會和政治地位大為提升，大興土木，璀璨的文藝復興風格在此綻放，兩地的文藝復興建築群於2003年共同入選世界遺產。

1 | 3
2 | 4

1　柯里亞皇家修道院，照片提供：馬德里旅遊局
　（Imagen cedida por Comunidad de Madrid）。
2　阿蘭胡埃斯行宮修道院，照片提供：馬德里
　旅遊局（Imagen cedida por Comunidad de
　Madrid）。
3　伊比薩島的天然景觀，照片提供：伊比薩島旅遊
　局（Imagen cedida por Turismo de Ibiza）。
4　伊比薩島的城牆，照片提供：伊比薩島旅遊局
　（Imagen cedida por Turismo de Ibiza）。

　　菲利普二世的建設不僅在伊比利半島上，在巴利阿里群島的伊比薩島（Ibiza）
上至今還保留著國王要求翻新的城牆，成為文藝復興時期軍事建築的傑出範例，
並影響了新大陸殖民地的防禦性建築。

　　因為伊比薩島的戰略點，自古便是兵家和海上貿易必爭之地，因此腓尼基人、
迦太基人、羅馬帝國、伊斯蘭文化等都在此留下遺跡，而菲利普二世更把它建設
成西地中海的最佳防守據點，保存至今。

　　伊比薩島不只有其文化特色，更有其自然價值，茂盛的大洋洲波喜盪海草蘊含
出多樣性的海洋生物，因此，這個島嶼提供了一個海洋生態系統和沿海生態系統
之間相互作用的例子。

　　所以，伊比薩島的生物多樣性和特有文化在1999年列入世界遺產，和庇里牛斯
山脈的佩迪杜山（屬於歐爾德薩和佩迪杜山國家公園的一部分）成為西班牙僅有
的兩個、同時具備自然遺產與文化遺產雙重條件的複合遺產。✍

5-6

啟蒙運動和現代主義

↑　西班牙國徽，照片提供：總理事務協調部（Imagen cedida por Ministerio de la Presidencia）。

　　1700年，西班牙的哈布斯堡王朝的國王卡洛斯二世死後絕嗣，引起了歷經13年的西班牙王位繼承戰爭。

　　卡洛斯二世在遺囑裡宣明傳位於其姊瑪麗亞・德雷莎（María Teresa de Austria）和法王路易十四的次孫菲利普（Felipe de Anjou），但是，同樣是哈布斯堡家族的奧地利王室認為應由哈布斯堡王朝的查理大公爵（Archiduque Carlos）繼承西班牙王位，而每個歐洲國家因為自身的利益，支持的王位繼承人也不同，所以，整個歐洲為了西班牙王位繼承問題打了起來。

　　西班牙大部分地區尊重卡洛斯二世的遺囑，向法國的菲利普宣誓效忠，支持他當西班牙國王。加泰隆尼亞地區剛開始向法國的菲利普宣誓效忠，後來因為哈布斯堡王朝給的條件比較優惠，轉而加入奧地利的陣營。

　　後來，查理大公即位為神聖羅馬帝國的查理六世皇帝，反法各國為了避免查理六世身兼西班牙國王，轉而支持菲利普當西班牙國王，維持歐洲勢力均衡。最後，1713年，法國與英國、普魯士王國、葡萄牙王國和薩伏伊公國簽訂了「烏特勒支和約」，由各國支持波旁王朝的菲利普繼承西班牙王位。加泰隆尼亞地區對和約絲毫不知情，孤軍對抗法國和西班牙軍隊，巴塞隆納被圍城10個月，後來在1714年9月14日城陷，結束了西班牙王位繼承戰爭，種下了現在的加泰隆尼亞獨立的種子。西班牙從哈布斯堡王朝轉為波旁王朝，法國的菲利普正式成為西班牙的菲利普五世國王。

　　西班牙國徽跟歷史有關，由六個紋章（Escudo de armas）和兩個外飾（Ornamentos externos）組合而成，分別是：紅襯金城堡的紋章代表卡斯

提亞王國。白襯紅獅子的紋章代表雷昂王國（Reino de León），León是獅子的意思。紅黃相間的紋章代表阿拉貢王國。金鎖鏈的紋章代表納瓦拉王國（Reino de Navarra）。綠葉紅石榴花的紋章代表著格拉納達王國，因為石榴的西班牙文就是Granada，格拉納達王國是1492年西班牙收復伊斯蘭教人占領的失土後成立的王國。百合花的紋章代表波旁王朝。

　　國徽上的冠飾是皇冠，代表國家主權。

　　國徽兩側是海格力斯之柱（Columnas de Hércules）。根據傳說，海格力斯之柱位於直布羅陀海峽，以前地中海沿岸的人航海的範圍只限於地中海，海格力斯之柱以外的領域是已知世界的極限，在海格力斯之柱上有 "Plus Ultra" 這兩個拉丁文字，代表走得更遠的意思，暗示了西班牙當時在海外還有大片殖民地。另外，海格力斯之柱上有兩頂皇冠，一個是神聖羅馬帝國的皇冠，一個是西班牙的皇冠，因為卡洛斯一世（查理五世）從母親那裡繼承到西班牙的皇冠，從父親那裡繼承到神聖羅馬帝國的皇冠。

　　而代表波旁王朝的百合花在西班牙王位繼承戰爭後成為西班牙國徽的一部分。

　　自從波旁王朝入主西班牙，西班牙的藝術環境發生深刻的變化，巴洛克風格開始盛行，最著名的例子就是薩拉曼卡的主廣場（Plaza Mayor de Salamanca）。

5-6

啟蒙運動和現代主義

左　　薩拉曼卡的蒙特雷宮，照片提供：薩拉曼卡旅遊局（Imagen cedida por Turismo de Salamanca）。
右　　薩拉曼卡貝殼之家，照片提供：薩拉曼卡旅遊局（Imagen cedida por Turismo de Salamanca）。

　　薩拉曼卡是歷史古城，位於馬德里西北部，被迦太基人在公元前3世紀統治過，之後成為羅馬古城，後來被摩爾人占領，直到11世紀才被天主教人收復。雷昂王國的阿方索九世於1218年在薩拉曼設校，此學校在1250年後開始具大學雛形，薩拉曼大學因此是世界上最古老的大學之一，編出第一本卡斯提亞語字典和文法書的內波里哈教授就任教於此，他也是歷史上第一個要求著作財產權的作者，薩拉曼卡大學創紀錄地成為全世界第一個收女學生、第一個有女教授和第一個有支薪的圖書館管理員的大學，第一個強調原住民權益的想法是這裡的教授開始推動的。哥倫布在第一次航海前也曾到這大學向教授們請教。現行的公曆（即格里曆）是大學的科學家轉交給教宗，由教宗格列高利13世在1582年頒行的。塞萬提斯也曾在此待過。在在顯示出這所大學在西班牙及全世界的威望和聲譽，連

↑　　薩拉曼卡主廣場，照片提供：薩拉曼卡旅遊局（Imagen cedida por Turismo de Salamanca）。

帶讓薩拉曼卡在西班牙歷史上享有尊崇的地位。

　　西班牙巴洛克風格的薩拉曼卡主廣場，則是這個歷史古城幾千年來藝術遺產的明珠。薩拉曼卡因其學術地位，是文化交流之地，美洲和歐洲之門，西班牙巴洛克風格也因此從薩拉曼卡傳至美洲，也就是說，薩拉曼卡大學的輝煌時期剛好也

↑　薩拉曼卡主教座堂，照片提供：薩拉曼卡旅遊局（Imagen cedida por Turismo de Salamanca）。

↑　薩拉曼卡聖斯德望修道院，照片提供：薩拉曼卡旅遊局（Imagen cedida por Turismo de Salamanca）。

是此城的黃金時期。這座古城的歷史中心有許多重要古蹟，包括仿羅馬式、哥德式、文藝復興和巴洛克式建築，其中最引人注目的是它令人印象深刻的主廣場和廣場的走廊及拱廊。因此，薩拉曼卡古城於1988年名列世界遺產。

　　卡洛斯四世是波旁王朝在西班牙的第三代君主，個性軟弱，為了應變法國大革命，重用權臣戈多伊（Manuel Godoy），賦予他絕對的權利實施政治改革、推廣科學、實施教會財產徵收充公的法律，以拯救法王路易十六為目的。後來，路易十六上斷頭臺，戈多伊和歐洲皇室聯軍，對抗法國共和政府的軍隊，但是最後戈多伊不得已和法國政府妥協，因此首相之位不保。

　　1799年，拿破崙掌權，逼迫卡洛斯四世讓戈多伊復職，而復職的戈多伊不但和法國結盟，允許法國軍隊進入西班牙領土，還向英國的盟國葡萄牙宣戰。另外，戈多伊師法法國自由思想的政治改革，更引起西班牙貴族和教會的反彈。

　　1807年，卡洛斯四世之子費南多主導一次政變，想廢除卡洛斯四世和戈多伊的官位，但是沒有成功。1808年3月中，戈多伊鑒於法軍入侵西班牙的野心，勸卡洛斯四世全家逃離西班牙，但是，民眾得到消息後攻進阿蘭胡埃斯行宮，王子費南多因此逼迫卡洛斯四世退位，把王位讓給他，成為費南多七世，也就是歷史上的「阿蘭胡埃斯叛變」。馬德里也因此落入拿破崙軍隊的手裡。

　　拿破崙得知叛變一事，以承認費南多七世在國際上的地位為由，誘他到西班牙北邊會面，後來會面地點越改越北，最後費南多七世越過法西邊境，抵達法國的巴約訥（Bayonne）後就被拿破崙軟禁，而卡洛斯四世也被拿破崙以會面理由誘到巴約訥。

　　法軍司令官從4月27日就以卡洛斯四世之名，要求把當時還留在馬德里的瑪麗亞‧路易莎公主（María Luisa）和法蘭西斯科‧德‧保拉王子（Francisco de Paula）送到法國的巴約訥，但是沒被答應。5月2日早上，馬德里的民眾聚集在皇宮前想預防法軍帶走公主和王子，法軍司令官便下令對民眾開火，馬德里民眾開始街頭游擊戰，這樁事件成為畫家戈雅筆下的畫作〈馬德里1808年5月2日〉。事件發生後一天，法軍槍決了許多馬德里民眾，戈雅又畫下〈馬德里1808年5月3日〉。

1808年5月2日，西班牙人開始西班牙獨立戰爭，直到1814年4月17日。

1808年5月6日，費南多在壓力之下把王位還給父親卡洛斯四世，但是卡洛斯四世早已與拿破崙簽約，把王位轉交給拿破崙。拿破崙再把王位轉交給他哥哥約瑟夫・波拿巴（Joseph Bonaparte），後來費南多七世於1813年復辟為西班牙國王，西班牙皇室全家依舊軟禁在馬賽，直到1814年拿破崙大敗為止。

1812年，西班牙國會在拿破崙大軍占領西班牙期間行憲，憲法中許多自由思想和復辟的費南多七世想要的絕對專權不相容，面對自由派人士在各地有軍隊、資產階級、甚至共濟會的支持，費南多七世暗地向法國求援，最後，號稱「聖路易的十萬大軍」的法國大軍於1823年4月7日進入西班牙，打壓主張自由思想的異議份子，結束自由派人士的政權。

依照菲利普五世在1713年定下的法規，女性無權繼承西班牙王位，而費南多七世沒有兒子，所以依照繼承順位，費南多七世的弟弟卡洛斯（Carlos María Isidro de Borbón，人稱「唐卡洛斯」〔Don Carlos〕）應是西班牙王位繼承人，但是費南多七世卻修改法規，讓女兒也可以繼承王位，造成之後的西班牙大亂。

1833年，費南多七世去世，由年僅三歲的大女兒伊莎貝爾繼位，成為伊莎貝爾二世，由母后攝政，因而引起皇叔卡洛斯的不滿，自立為王，自稱卡洛斯五世，得到不少舊貴族和天主教教會的保守分子支持，西班牙因此分裂，開始第一次卡洛斯戰爭（Primera Guerra Carlista）。後來，國會把成年的年紀從16歲降到13歲，宣布年滿13歲的伊莎貝爾二世可以執政，但是並沒有解決西班牙內部的問題。從伊莎貝爾女王1843年親政到1868年，經歷無數政變革命和宮廷陰謀，25年內換了34個內閣，最後，1868年的革命讓伊莎貝爾二世女王逃亡法國，西班牙開始歷史上的「六年民主」（Sexenio Democrático），組成臨時政府，舉行普通選舉，最後國會由支持皇室的幾個政黨占多數。1869年的憲法也確立西班牙為一王國（有國王的國家）。1870年11月，國會選了義大利王子阿梅迪奧（Amadeo Fernando María de Saboya）為西班牙國王，但是，新國王無法應付西班牙混亂的局勢，在1873年2月宣布退位。

而流亡在法國的伊莎貝爾二世女王則於1870年6月宣布退位，傳位給其子阿方

索，結束她的統治。

　　1873年2月11日，阿梅迪奧一世退位，西班牙宣布成立共和國，也就是歷史上只持續11個月的第一共和國（Primera República Española）。此舉沒替西班牙帶來安定，每隔幾個月就換一個總統，光是1873年就有四任總統。1874年12月，帕必亞（Manuel Pavía）將軍發動政變，西班牙短命的第一共和國宣告結束。1875年1月，伊莎貝爾二世之子阿方索被迎回西班牙，繼位成為阿方索十二世，波旁王朝因此復辟。

　　雖然19世紀的西班牙政局複雜動盪，西班牙還是跟上工業革命的腳步，在1830年左右開始發展工業，而第一個工業化的地區就是加泰隆尼亞。到了19世紀末，加泰隆尼亞社會出現新的資產階級，這些因工業而致富的資產階級開始資助加泰隆尼亞的藝術文化發展，引發加泰隆尼亞的「文藝復興時期」（Renaixença）。

　　巴塞隆納因為發展工業而人口大幅增加，市政府遂把舊城牆外、巴塞隆納城和鄰近小鎮之間的開闊地帶發展成新的擴建區（l'Eixample）。在這個時期，歐洲流行的新藝術主義（Art Nouveau）在此區有著意想不到的擴展，又因融入了

↓　　米拉之家。

↑　　聖家堂。

當地的傳統藝術和民族主義象徵，加泰隆尼亞地區的新藝術主義稱為加泰隆尼亞現代主義（Modernismo catalán/Catalan Modernisme），獨具風格，而加泰隆尼亞現代主義最重要的藝術表現是在建築上，其中最有名的建築師是安東尼·高第（Antoni Gaudí i Cornet）和多梅內克（Lluís Domènech i Montaner）。

　　高第在巴塞隆納市區和近郊的11件建築作品，是他對19世紀末、20世紀初建築技術的傑出創意與貢獻的見證，他的作品於1984年入選世界遺產，更在2005年延伸指定項目，這些建築物包括：桂爾公園（Parque Güell）、桂爾宮（Palacio Güell）、米拉之家（Casa Mila）、必森之家（Casa Vicens）、聖家堂（Sagrada Familia）、巴特由之家（Casa Batlló）、桂爾紡織村的教堂（Colonia Güell）。

　　多梅內克在巴塞隆納的眾多建築中，以加泰隆尼亞音樂廳（Palau de la Música Catalana）和聖保羅醫院（Hospital de Sant Pau）最具特色。加泰隆尼亞音樂廳具鋼架的結構、明亮的採光、開闊的空間，精美的裝飾；聖保羅醫院具療養院的構局設計，大膽創新，卻又完美地符合病人的需求，因此加泰隆尼亞音樂廳和聖保羅醫院於1997年入選世界遺產。

↑　　聖保羅醫院。

↑　　加泰隆尼亞音樂廳。

　　北部的畢爾包（Bilbao）是西班牙第二個工業化地區，19世紀中新的技術和工業革命讓鐵礦出口和鋼鐵工業成為巴斯克地區經濟發展的主要動力。19世紀末，畢爾包河口（Ría de Bilbao，亦稱ría del Nervión或ría del Ibaizábal）的Portugalete和Getxo兩地是夏天有名的度假勝地，而畢爾包港口又是歐洲船運交通最繁忙的港口之一，所以，為了方便避暑的有錢人可以從河的東岸到西岸，又要不中斷船隻的通行，又要考慮到Portugalete陡峭的岩岸以及Getxo較低的沙岸，帕拉西歐（Alberto Palacio y Elissague）設計了一道人類歷史上首座鋼鐵結構的運渡橋——畢斯卡亞橋（Puente de Vizcaya），又稱吊橋（Puente Colgante），是人類的創造力影響藝術史和美學史的例子，在2006年入選世界遺產。

　　1898年，美西戰爭失利，在西班牙國內引起人民的反思。西班牙社會各階層紛紛要求政經改革，以重振國風。而發展工業之後受壓迫的勞工也以抗議、暴動的方式表達他們對貧富懸殊、階級差異的憤怒，巨大的經濟危機和隨後不穩定的政治引起了普里莫·德·里維拉（Primo de Ribera）將軍的政變，阿方索十三世不得已取消憲法，解散國會，由普里莫·德·里維拉建立軍事專政，直到1930年。

在此期間，馬克思主義思想傳入西班牙，社會主義黨、共產黨相繼成立，在1931年的市政選舉中，左翼獲勝，國王阿方索十三世因此攜眷流亡法國，西班牙第二共和國宣告成立。

↑　　畢斯卡亞橋。

但是，新的左派政府引起更大的政治社會危機，無法滿足每個派系和地區的要求，使左派在1933年的大選失敗，換由右派執政。左派人士鑑於德國右派希特勒的崛起，於1934年發起抗議暴動，但是很快被平息。以前左派的政策也被廢除，政治分歧讓西班牙分裂為左右兩派，衝突不斷。1934年大選換左派獲勝，右派力圖阻止左派得到政權，內戰無可避免地爆發。

當時，俄國派軍支持左派，德國和義大利派軍支持右派的佛朗哥（Francisco Franco）元帥，最後佛朗哥的軍隊在1939年攻占馬德里，取得政權，內戰因此宣告結束。

西班牙內戰之後，無力參加二戰，但是，二戰後因為佛朗哥政權和德、義等國的曖昧關系，一直受到國際孤立，直到冷戰開始，才重新加入國際舞台，於1955年加入聯合國。佛朗哥1975年去世後，他指定的接班人、流亡在外的阿方索十三世的孫子璜·卡洛斯（Juan Carlos）繼承王位，成為西班牙的璜·卡洛斯一世國王，在他的領導下開始大規模的政治改革，成為更文明的現代化民主國家。1977年6月15日，西班牙舉行獨裁統治結束後的第一次民主選舉。1978年12月6日通過《新憲法》，1982年加入北大西洋公約組織，1986年加入歐洲共同市場（後來改稱「歐盟」），從此活躍在國際舞台上。❧

{ CHAPTER 6 }

西班牙傳奇軼事

一代風流人物的奇聞傳說

歷史是認識一個國家的窗口，傳奇則是了解她人文內涵的途徑。
西班牙南北各地有不少傳奇野史，
是西班牙人歷代的思維、美感、宗教觀、倫理觀的總和，
至今仍以多樣化的風貌在各地流傳，
有些還直接影響到當地的城徽和特殊習俗。
透過這些奇聞逸事，可以從傳奇的角度看西班牙大小城鎮，
認識不同層次的西班牙，就算沒有親身遊覽，仍可以神遊西班牙南北。

阿爾巴拉辛（Albarracín），攝影：Luis Antonio Gil Pellín，照片提供：席德之路（Imagen cedida por Consorcio Camino del Cid）。

↑　聖雅各伯朝聖之路，照片提供：加利西亞旅遊局
（Imagen cedida por Turismo de Galicia）。

6 - 1
加利西亞
自治區的傳說

聖雅各伯

　　據說，聖雅各伯於西元40年來到西班牙傳教，後來回到猶大山地，在44年成為最先殉道的使徒。他的四個門徒在他死後連夜把他的屍身帶上船，一路航行到西班牙的加利西亞自治區。他們抵達海岸就遇到盧琶女王（Reina Lupa）的兒子的婚禮，身著盔甲的新郎在婚禮慶典的比武中失足掉進海裡，馬上沉到海底，當載著聖雅各伯屍身的船隻經過時，新郎神蹟似的全身裹著扇貝浮出海面。

　　聖雅各伯的四個門徒沿著海岸航行直到Iria Flavia港（現今的Padrón城）。靠岸後，聖雅各伯的屍身被搬下來，放在河邊的一個石塊上，那塊石頭就緩緩凹陷下去，變成聖雅各伯的石棺。

　　接著，四個門徒前往盧琶女王的宮殿，請求准許他們把聖雅各伯安葬在她的領土上。盧琶女王不是天主教徒，故意叫他們找仇視天主教徒的大祭司求助。大祭司一看到聖雅各伯的門徒，就下令把他們囚禁起來。但是，半夜突然出現奇光，在石牆上現出一道門，讓這些門徒能順利逃脫。後來，在追兵過橋渡河之時，神蹟再現，橋樑突然坍崩，追兵之危遂解。

　　聖雅各伯的門徒再度求助盧琶女王，請求女王賜予一輛車和一對拉車的牛，來運送聖雅各伯的遺體。這一次，盧琶女王把附近山上兇猛的鬥牛說成拉車的牛，叫他們自己去挑選。當這些門徒來到山上，先遇到一隻惡龍，但是馬上被十字架嚇走，而那些原本兇猛的鬥牛也突然變得非常溫馴，乖乖幫聖雅各伯的門徒拉車。

　　看到這些神蹟之後，盧琶女王就受洗成為天主教徒，還想把她的宮殿捐

出來當作雄偉的墳墓。但是，聖人的門徒希望按照上帝的旨意，尋求一塊聖人的安葬之地，於是帶著聖人的遺體漫無目的地離開。最後牛隻拉著車把他們帶到盧琶女王的森林。

盧琶女王知道後，便把那片森林捐贈出來，用來安葬聖雅各伯。

幾個世紀後的某一天，天上傳出天使的歌聲，伴隨歌聲的是不斷出現的星光，有些星光甚至是從聖人的屍骨散發出來的。

第一個見到這個奇景的人知道是上帝神祕的旨意，卻不知道該如何解讀。這件事傳到大主教的耳裡，決定一個人在森林裡度過三天，用祈禱的方式請求天主幫助他解讀這項神跡。天主在他祈禱的時候告訴他，他必須在那個被大家稱為「繁星原野」（Campo de estrellas）的地方挖掘。

結果，有個陵墓和大理石棺木被挖出。經由上帝的旨意，大主教知道這個就是聖雅各伯的屍骨。

消息很快傳遍整個伊比利半島的天主教世界。在那個伊斯蘭教人占領大半個伊比利半島的時代，挖掘出聖雅各伯的遺體遂變成上帝用來鼓舞當時天主教士兵士氣的旨意。

因此，人們在此地建造教堂，「繁星原野」開始有人煙，開始有人來朝聖，因此又蓋了主教座堂。隨著朝聖的人越來越多，教堂的規模也越來越大，附近開始有石頭建造的宮殿建築、修道院、醫院、旅店、餐館等接待朝聖者的地方。當地居民也越來越多，漸漸從小鎮發展成大城，名字從最早的Compostella（Campo de estrellas，「繁星原野」）變成現在的Santiago de Compostela（聖地牙哥‧德‧孔波斯特拉，意指「繁星原野的聖雅各伯」）。

每年的7月25日是聖雅各伯節，如果這天是星期日，那一年就是「聖雅各伯年」（Año Xacobeo或Año Santo Jacobeo）。在這一天，聖地牙哥‧德‧孔波斯特拉主教座堂的大門為所有朝聖者開啟，而走完聖地牙哥朝聖之路的朝聖者也會在大香爐薰染下為旅程劃下句點。

西班牙人除了以Santiago命名，還有很多西班牙文名都是由從而來，例如 Jacobo、Jacob、Yago、Iago、Jaime、Tiago、Diego。 ✍

6-2

阿斯圖里亞斯地區的傳說

佩拉佑和三百天主教壯士（Don Pelayo y los 300 cristianos）

佩拉佑是阿斯圖里亞斯王國的建國者。有人說他是阿斯圖里亞斯當地的望族，也有人說他是西哥特王國的貴族，無論如何，他是收復失地運動的開啟者。

722年，摩爾人北征伊比利半島，佩拉佑只有三百天主教壯士來抵抗（根據天主教人的記載，是18萬8千摩爾大軍；根據伊斯蘭教人的記載，是兩萬士兵），最後佩拉佑只能退守在地勢險要的科瓦東加（Covadonga）山洞裡。據說，因為山路險峻，易守難攻，摩爾軍隊只能一字型前進，無法接到上級的指令。那時天上的烏雲退散，一個十字架在天空出現，佩拉佑把兩根樹枝排成十字架的形狀，丟向摩爾大軍，山路突然坍崩，伊斯蘭教士兵最後倉皇退散，天主教人趁機追擊，因此開始收復失地運動。

佩拉佑後來在科瓦東加的山間小教堂發現一尊聖母像，認定是聖母保佑才能以寡擊眾，因此在那裡建造聖所。後來阿方索一世國王在此興建教堂，最後阿方索十世將佩拉佑的遺體移到科瓦東加的聖窟與他的妻子葬在一起。

直到現在，科瓦東加聖所（Santuario de Covadonga）依舊是大家朝聖的地方。

↑　科瓦東加聖所的聖母，攝影：Infoasturias，照片提供：阿斯圖里
亞斯旅遊局（Imagen cedida por Turismo de Asturias）。

↑　科瓦東加聖所，攝影：Camilo Alonso，照片提供：阿斯圖里亞斯旅遊局（Imagen
cedida por Turismo de Asturias）。

希曼卡城裡的七位斷腕美女紀念碑，
照片提供：雕刻師Gonzalo Coello。　→

百位美女進貢和聖雅各伯（Tributo de las cien doncellas y el Apóstol）

783年，毛雷加托（Mauregato）因為哥爾多巴國王的幫助而當上阿斯圖里亞斯的國王，因此答應每年進貢一百位美女給伊斯蘭教君主，但是這個合約令當地貴族不滿，最後起義反抗殺了毛雷加托。新上任的國王貝穆多一世（Bermudo I）改以金錢代替美女。

接著繼位的國王阿方索二世驍勇善戰，拒絕進貢金錢和美女。後來的拉米羅一世（Ramiro I de Asturias）兵力薄弱，摩爾人再度要求進貢一百位美女。

當時，阿斯圖里亞斯王國無法拒絕。有個小鎮選出的七位美女為了表達抗議，自己毀容斷腕。哥爾多巴國王看到這七名斷腕美女說：「如果你們給我斷腕的，斷腕的我不要。」（Si mancas me las dais, mancas no las quiero.）。有人說隨著時間流逝，這個斷腕美女的小鎮名字就變成今日的希曼卡（Simancas）這個地名。

這七名斷腕美女激起天主教人的鬥志，決定不再進貢美女，跟摩爾人宣戰。844年5月23日，克拉畢何戰役（Batalla de Clavijo）剛開始，天主教人處於下風，但是國王拉米羅一世在晚上看到聖雅各伯顯靈，跟他說隔天會幫助他。

到了隔天，聖雅各伯如約出現，手持焰形寶劍，騎著白馬，在戰場上飛奔廝殺摩爾人，讓戰役情況大轉。於是，國王向聖雅各伯許願，誓言將往後所有的戰利品與聖雅各伯平分，這就是歷史上的「聖雅各伯許願」（Voto de Santiago）。從此以後，聖雅各伯經常出現在天主教人和伊斯蘭教人的戰役中，贏得「專殺摩爾人」（Matamoros）的稱號。

聖雅各伯每次都在戰役中突然出現，在戰役結束前消失，所以國王就把戰利品送給聖地牙哥・德・孔波斯特拉的主教。也因為有了戰利品，聖地牙哥・德・孔波斯特拉越來越繁榮，從小鎮變成大城，宗教建築也極盡雄偉華麗。

從此以後，西班牙軍隊在打仗前一定高喊「聖雅各伯！進攻！西班牙！」（Santiago y cierra, España[*8]），請聖雅各伯助他們打勝仗。

也因此，聖雅各伯在17世紀被教皇封為西班牙唯一的主保聖人，而拉米羅一世國王跟聖雅各伯許的願一直持續到1812年才被取消。

阿斯圖里亞斯王子（Príncipe de Asturias）

在英國，王位繼承人的封號是威爾斯親王（Prince of Wales，又稱威爾斯王子）。在西班牙，王位繼承人的封號則是阿斯圖里亞斯親王（又稱阿斯圖里亞斯王子）。故事可以追溯到14世紀。

卡斯提亞王國的佩德羅一世國王（Pedro I）被同父異母的兄弟恩里克（Enrique II de Castilla）刺殺篡位，1366年逝世，而恩里克則順利當上卡斯提亞國王，成為恩里克二世。1369年，佩德羅一世的大女兒去世，二女兒康絲坦薩和三女兒伊莎貝爾則遠走英國。康絲坦薩嫁給英格蘭國王愛德華三世的四子岡特的約翰（John of Gaunt）為第二任妻子，而伊莎貝爾則嫁給英格蘭國王愛德華三世的么子蘭利的埃德蒙（Edmund of Langley）。

恩里克順利當上卡斯提亞國王，成為恩里克二世。1369年，佩德羅一世的大女兒去世，二女兒康絲坦薩和三女兒伊莎貝爾則遠走英國。康絲坦薩嫁給英格蘭國王愛德華三世的四子岡特的約翰（John of Gaunt）為第二任妻子，而伊莎貝爾則嫁給英格蘭國王愛德華三世的么子蘭利的埃德蒙（Edmund of Langley）。

岡特的約翰從第一任妻子那裡得到蘭開斯特公爵的頭銜，但是他知道自己當上英格蘭國王的機會不大，因此聯合葡萄牙幫助妻子康絲坦薩和女兒卡塔麗娜爭取卡斯提亞的王位。

卡斯提亞國王恩里克二世的兒子璜一世（Juan I）因此跟岡特的約翰兩軍交鋒，卻勝負難分，後來乾脆簽合約妥協，把岡特的約翰和康絲坦薩兩人的女兒卡塔麗娜許配給璜一世的兒子恩里克。恩里克將繼承卡斯提亞的王位，卡塔麗娜將當上卡斯提亞的王后，他們的後代將成為卡斯提亞的國王，兩人都被賜與阿斯圖里亞斯親王的頭銜。

從此以後，西班牙的王位繼承人的頭銜便是阿斯圖里亞斯親王。 ✍

＊8　cierra是「關閉」的意思，但在軍事用語上意指「攻擊、戰鬥」。España是西班牙。所以，這是一句三意，召喚聖雅各伯幫助他們，下令進攻，歡呼西班牙！譯成「白話西班牙文」則是"¡Santiagooooo! ¡Ataca, oh España!"。

6-3

坎塔布里亞地區的傳說

歐漢卡諾與安韓娜（Ojáncano y Anjana）

坎塔布里亞地區也有自己的神話故事和人物。這些人物中，最有名的是歐漢卡諾和安韓娜。

歐漢卡諾是可怕邪惡的食人魔，強壯高大，兩隻腳各有十個趾頭，腳尖留著利爪，獨眼，一頭粗糙紅髮，滿臉腮鬍。

安韓娜則是漂亮的精靈，只有半公尺高，眼神安寧祥和，聲音清脆如鳥鳴，有一頭長辮子金髮，頭戴花冠，能夠治癒各種疾病，所以古早的坎塔布里亞人遇到災難，都會向她求救。

很久以前，一個窮婆婆的兒子上山被歐漢卡諾抓走，她以為獨子已死在山上，為了生計只能在村莊裡乞討。

有一天，她撿到安韓娜掉的針墊，上面有四個鑽石端的大頭針和三個黃金針眼的銀針。窮婆婆怕別人以為她是小偷，沒有變賣撿到的東西，只是默默把針墊收起來。

一天，窮婆婆又在路上行乞，分別遇到幾個需要針和大頭針的女人，便把撿到的大頭針和銀針都送人。到了村外，窮婆婆找不到橋樑過河，突然聽到針墊說：「走到河邊之後握緊我。」

窮婆婆照著針墊的話做，一道木橋竟然出現在她眼前。

針墊接著跟窮婆婆說：「下次需要什麼，只要握緊針墊說出願望就好了。」

窮婆婆試著握緊針墊，說她想吃點東西，手上馬上多了一個剛烤好的麵包。

後來，窮婆婆走到一戶人家門口敲門乞討，有個女人出來哭著說，她的女兒被歐漢卡諾捉走了。

↑ 安韓娜和窮婆婆以及她兒子，插畫：Roser Salvadó。

窮婆婆聽了很同情地說，她要上山幫她把女兒帶回家。

她握緊針墊，一隻額頭上有顆明星的麋鹿突然出現在她身前，窮婆婆就緊跟在牠後面往山上走，最後停在一塊巨石前。

窮婆婆再次握緊針墊，手上馬上多了一個鐵錘。她拿著鐵錘用力敲一下巨石，巨石碎掉，歐漢卡諾的山洞就出現在她眼前。

麋鹿額頭上的明星照亮山洞內的隧道，窮婆婆繼續跟著麋鹿往前走。在山洞裡繞了一圈，沒有找到小女孩，卻在角落裡發現一個昏睡的年輕人。

窮婆婆透過麋鹿額頭上的星光認出他是自己失蹤的兒子，趕緊叫醒他，兩人跟著麋鹿平安離開歐漢卡諾的山洞。

當他們回到那戶女兒被抓走的人家時，窮婆婆發現，那個女人搖身變成安韓娜。

安韓娜說：「從此以後，這裡就是你們的家，下次別再讓妳兒子去森林。現在，我請妳最後一次握緊針墊。」

窮婆婆照辦，50頭綿羊、50頭山羊和六頭乳牛便出現在他們眼前。安韓娜、麋鹿和針墊則隨之消失。 ✺

6-4

納瓦拉和巴斯克地區的傳說

歐連策羅
（Olentzero）

大家都知道，在西方國家，小朋友的聖誕禮物是聖誕老人帶來的。但在西班牙，小朋友的聖誕禮物是東方三王帶來的。然而各地的聖誕習俗不太一樣，在北部納瓦拉和巴斯克地區，除了東方三王，還有歐連策羅！

↑　歐連策羅，插畫：Roser Salvadó。

據說，歐連策羅是獨居在山上的炭工，留著大鬍子，有著敦厚的好脾氣和圓胖的身材。根據不同傳說，有人說他是宣告冬至來臨的人，也有人說他是宣告耶穌降臨的人，但巴斯克人最早把歐連策羅的人偶做成壁爐旁的稻草人。後來，歐連策羅就成為在聖誕節前夕帶禮物下山給巴斯克小朋友的「巴斯克聖誕老人」！

如今在聖誕節前，納瓦拉和巴斯克地區的市政府會舉行歐連策羅遊行，跟西班牙其他城市的三王節遊行一樣。不過，在這兩個地區還是有西班牙傳統帶禮物來的東方三王，也有東方三王遊行，所以，小朋友收兩份禮物。

卡斯提亞-雷昂自治區的傳說

塞哥維亞的水道橋（Acueducto）

據說以前塞哥維亞人要下山挑水。有一天，一個每天挑水的小女孩說她願意用任何代價讓水泉直抵城門。結果，魔鬼聽到後馬上變成人形，跟她談條件，要她用靈魂換取水泉直抵城門的奇蹟，小女孩不覺得靈魂有何用處，就跟魔鬼達成協議，如果他能讓水泉在隔天第一道陽光出現前直抵城門，魔鬼就能擁有她的靈魂。

當天晚上，小女孩越想越懷疑，打開窗戶看到早上跟她達成協議的人（魔鬼）全身發出火焰，正在空中發號施令，指揮成千上萬的鬼怪興造水道橋。小女孩嚇壞了，徹夜跟上主禱告懺悔，祈求上主別讓魔鬼帶走她的靈魂。

奇蹟似地，當魔鬼要把水道橋的最後一塊巨石放上去時，第一道陽光突然灑下，魔鬼沒有把水道橋在約定期間完成，憤而離開，留下幾乎完工的水道橋造福塞哥維亞人！

↑　塞哥維亞的水道橋，照片提供：塞哥維亞旅遊局
（Imagen cedida por Turismo de Segovia）。

薩拉曼卡大學的青蛙（Rana de Salamanca）

在薩拉曼卡大學仿銀器裝飾風格的大門立面上，有一隻青蛙，據說，沒有找到青蛙的學生會被當掉！

仔細看，青蛙在一個骷髏頭上面，而整個立面有三個骷髏頭，代表天主教雙王三個早逝的子女：伊莎貝爾、胡安和瑪麗亞。這個青蛙則有「避開異端審判」的寓意：大門立面有「讓當時的名人復活」之意，但是「復活」是不可能的。

薩拉曼卡主教座堂的太空人（Astronauta de Salamanca）

在薩拉曼卡主教座堂棕枝之門（puerta de Ramos）的立面上有個太空人，不過，這並不是教堂在16-18世紀建造時就刻上去的「預言」，而是出自修復專家之手。話說棕枝之門年久失修，有多處殘缺毀壞，在1992年進行修復工程。石匠羅梅洛（Miguel Romero）依照中世紀傳統，在修復時留下個人特色，以時代元素作為他的「簽名」，刻上象徵現代化的太空人。

1	2	3	4

1　薩拉曼卡大學的青蛙，照片提供：卡斯提亞-雷昂旅遊局（Imagen cedida por Turismo de la Junta de Castilla y León）。

2　薩拉曼卡主教座堂的太空人，照片提供：卡斯提亞-雷昂旅遊局（Imagen cedida por Turismo de la Junta de Castilla y León）。

3　阿維拉的市徽。

4　阿維拉的城牆，照片提供：卡斯提亞-雷昂旅遊局（Imagen cedida por Turismo de la Junta de Castilla y León）。

阿維拉的小儲君（El rey niño）

1108年，卡斯提亞-雷昂國王阿方索六世唯一的兒子和繼承人死於戰場，剛守寡一年的公主烏拉卡（Urraca）便成為王儲。卡斯提亞-雷昂的貴族要求公主必須再婚才能繼承王位，於是她再嫁阿拉貢王國的阿方索一世國王，並在1109年她父親去世之後繼承王位，成為卡斯提亞-雷昂王國的烏拉卡一世女王。但是，烏拉卡一世女王和阿方索一世國王兩人個性不合，互不相讓，各自管理各自的王國，女王和第一任丈夫勃艮地伯爵雷蒙所生的兒子阿方索，便成為卡斯提亞-雷昂王國的王位繼承人。

阿拉貢的阿方索一世一心想把卡斯提亞-雷昂王國和阿拉貢王國合併，視繼子小阿方索為卡斯提亞-雷昂王國的王位競爭者，為了小儲君的安全，小阿方索被送至阿維拉城。

阿方索一世為此率軍抵達阿維拉城牆外，要求阿維拉人民把小儲君交出來。阿維拉人民拒絕交出年幼的阿方索，阿方索一世便要求親眼看到小儲君，以確保他平安無礙。

阿維拉人民答應阿方索一世一人單騎到城牆下面，他們將在城塔上高舉小儲君，讓阿方索一世可以看到年幼的阿方索。

阿方索一世要求，為了確保他在城牆下不受到攻擊，需要70位阿維拉騎士當人質。然而國王看到小儲君安然無恙後，並沒有依照約定釋放70位騎士回阿維拉城，反而把他們丟進滾油桶中活活燙死。如今，在阿維拉的北方有個地方叫作Las Hervencias，就是在紀念這件事。

面對這樣殘酷的國王，阿維拉人民並沒有被嚇到，反而義憤填膺出城追擊。後來在一處平原追上國王的軍隊，與阿方索一世挑戰決鬥。最後，阿維拉的軍隊全軍覆沒。阿維拉人民為了紀念這場戰役，在那裡立了十字架，取名為「挑戰的十字架」（La Cruz del Reto）。

後來，烏拉卡一世女王去世，小儲君順利當上卡斯提亞-雷昂國王，成為阿方索七世。他為了感謝阿維拉的人民，在阿維拉的市徽上加一個徽章，就是城牆上持劍的小國王。

阿維拉的德蘭（Santa Teresa de Ávila）

　　阿維拉的德蘭又稱「聖女大德蘭」，1515年3月28日出生在西班牙的阿維拉。七歲就醉心聖人事蹟，和哥哥羅德里戈（Rodrigo）逃家到摩爾人占領區殉道，結果被叔叔在城外不遠處發現，把他們帶回家。

　　她14歲喪母，悲傷之餘走到一尊聖母像前，懇求聖母當她的母親。在青少年時，她迷上騎士小說，也開始梳妝打扮，15歲時被父親送到當時貴族女孩受教育的修道院。一年半後病倒，因此回家修養，那段期間她決定離家修道，但是父親堅決反對。20歲時再度逃家，請加爾默羅會的降孕會院（Monasterio de la Encarnación）的朋友收留，最後穿上會衣留在修院，她父親後來還是同意了。

　　在修院幾年後，她又病倒了，重病期間開始靈修，幾年後慢慢恢復健康。她在40歲時，天主臨在她內的意識變得很強烈，令她焦急害怕，懷疑是魔鬼在引誘她，因此求教身邊的人。

　　俗人方濟各撒爾采多（Francisco de Salcedo）推薦她去請教非常著名的司鐸達薩（Gaspar Daza），司鐸認為是魔鬼作祟，因此撒爾采多又推薦她去請教耶穌會的高人。雖然耶穌會人士認為這是神恩，大德蘭卻成為街談巷議的對象，被其他教友排斥，直到聖伯多祿·亞岡塔拉

↑　阿維拉城牆邊的大德蘭，照片提供：卡斯提亞-雷昂旅遊局（Imagen cedida por Turismo de la Junta de Castilla y León）。

（San Pedro de Alcántara）來看她，肯定她的經歷是來自聖靈，這件事才逐漸平息。

漸漸地，大德蘭得到越來越多主的恩典，開始得到神見和神諭，她靈魂的歸化越來越徹底，也開始有出神的經驗，多次感受與主相遇的「狂喜」（extasis）。

她最有名的神蹟是獲得神箭穿心的特恩，根據大德蘭的敘述：「我看見有位具有人形的天使靠近我的左邊，在此神見中，上主願意我這樣地看見，天使身材小巧，容光煥發似火焰，看起來是高品級的天使，彷彿整個都在燃燒的火中……我看見在他手中有一支金鏢箭，箭頭好似有火花。我覺得天使把鏢箭插進我的內心好幾次，直到最深處。當他把箭拔出來時，把我五臟六腑也一併拔起，使我整個燃燒在天主的大愛中。」

另一個神蹟是她姪子在修道院工地玩耍時被倒塌的牆壓到，孩子被人從石頭堆中挖出時已斷氣。大德蘭抱著姪子禱告，幾分鐘後，他便醒過來，好像什麼事也沒發生一樣。

大德蘭47歲時致力於改革修會和成立修院，承襲原有的加爾默羅修會組織，但崇尚清貧儉樸，以更嚴謹刻苦的方式修練，因此於1562年在阿維拉成立第一個加爾默羅赤足修會（Orden de Carmelitas Descalzos[9]）的聖若瑟修女會院（Monasterio de San José）。大德蘭認為修行必須苦行簡樸，所以，加爾默羅赤足修會的修行者穿一雙簡便的麻草涼鞋以示儉樸刻苦，雖說赤足，卻不是真的不穿鞋，只是不穿正式的鞋，而穿麻草涼鞋。

1567年，加爾默羅修會總會長請她推動會院改革，成立新的會院。同年她認識了聖十字若望（San Juan de la Cruz），說服他加入改革的行列，合力建立回歸初始會規的加爾默羅赤足修會，成為修會的會母和會父。大德蘭在接下來的20年間，走遍西班牙，創立17座女隱修院，直到1582年去世為止，安葬在阿爾巴‧德‧托爾梅斯（Alba de Tormes）。

1583年開棺時，大德蘭的屍身完好如初。1591年，薩拉曼卡主教再度開棺，發現其屍身仍完好。主教命醫生取出聖女之心，流露神箭穿心的神傷。

* * *

[9] "Descalzo" 意為赤足，引申為苦行的意思。

古時候，西方聖人的屍骨跟東方的舍利子一樣，珍貴異常，還有黑市交易，因此大德蘭的屍骨也因此成為各教堂或修道院的珍藏。據說她的右手曾是佛朗哥珍藏在宅邸禮拜堂的聖物，現在在隆達（Ronda）的一座教堂裡。她的右手五指分別在布魯塞爾、巴黎、羅馬、阿維拉和塞維亞，左手在里斯本，右腳在羅馬，左臂、心臟和遺體在阿爾巴‧德‧托爾梅斯。

大德蘭在西班牙歷史上有舉足輕重的地位。她生於西班牙黃金世紀神祕主義的時代，從靜觀祈禱體驗到天主的恩寵，與天主在靈性上結合。在不重視女性的時期受命改革修會，開創了更默觀的嶄新靈修方式。1622年，大德蘭被教宗額我略十五世冊封為聖人，1970年被教宗保祿六世敕封為教會聖師，是天主教第一位被冊封為聖師的女性。

2015年是大德蘭出生500週年。在她的出生地還有足跡所到之處都有慶祝活動，預計將有不少人到阿維拉朝聖。

挪威公主（Kristina de Noruega）

13世紀時，卡斯提亞國王阿方索十世與挪威王國結盟，盟約中有一項條件是挪威王國哈康四世（Haakon IV）要把女兒克麗絲汀娜嫁給卡斯提亞國王阿方索十世的其中一個兄弟。

1257年，一艘巨大的維京船載著克麗絲汀娜公主和主教率領的挪威王國代表團、公主的嫁妝如黃金、白銀、珍貴的毛皮和其他奢侈品、保護公主嫁妝的上百名騎士，以及卡斯提亞王國的大使，從挪威的卑爾根港（Bergen）出發，最後在諾曼地登陸，然後走陸路穿越整個法國，翻越庇里牛斯山，最後抵達卡斯提亞王國的巴亞多利德（Valladolid）。

克麗絲汀娜公主是金髮長辮子、藍眼白膚、

身材高佻的24歲北歐美女。一行人抵達卡斯提亞王」王國，阿方索十世向公主一一介紹他的兄弟，讓她挑一人當夫婿。最後，公主選上菲利普王子當老公。

　　他們的婚禮在1258年舉行，婚後定居於塞維亞。

　　四年後，不知是思鄉心切，還是水土不服，或是塞維亞的酷熱，克麗絲汀娜公主病逝於異鄉，沒有留下子嗣，安葬在布爾哥斯附近的哥巴路比亞鎮（Covarrubias）。

　　菲利普王子曾在婚前答應未婚妻，要在西班牙建造一座供奉挪威主保聖人奧拉夫（San Olav）的教堂，但是婚後並沒有積極籌畫，公主去世後就不了了之。

　　1958年，一名建築工人意外地發現挪威公主的墓地，裡面有位年輕女子的屍身，長長的金髮，高瘦的身材，繡有金線和鑲有寶石的衣著證實她的貴族血統。棺木裡還有一卷羊皮紙，上面寫著一首情詩和一個偏方。

　　2011年，哥巴路比亞鎮代替菲利普王子履行當年對挪威公主的承諾，在那裡啟用了聖奧拉夫教堂。挪威文化局長和卡斯提亞-雷昂自治區主席均出席啟用典禮，延續著750年前的盟約。

1	2　3

1　克麗絲汀娜公主的雕像，照片提供：挪威的克麗絲汀娜公主基金會（Imagen cedida por Fundación Princesa Kristina de Noruega）。

2　哥巴路比亞的聖奧拉夫教堂，照片提供：挪威的克麗絲汀娜公主基金會（Imagen cedida por Fundación Princesa Kristina de Noruega）。

3　克麗絲汀娜公主的石棺，照片提供：挪威的克麗絲汀娜公主基金會（Imagen cedida por Fundación Princesa Kristina de Noruega）。

席德（El Cid）

席德的原名是羅德里戈·迪亞茲·德·維瓦爾（Rodrigo Díaz de Vivar），約1048年（正確年代無考）出生於布爾哥斯的貴族世家，從小跟著王子在宮廷長大。

當時，伊比利半島分成好幾個小王國，北部的幾個是天主教王國，南部的是伊斯蘭教王國，各國互相結盟又彼此攻打。那時統治雷昂和卡斯提亞地區的是雷昂國王和卡斯提亞伯爵：費南多一世，席德就是國王的長子桑喬的隨從，1063年跟著桑喬王子的軍隊幫助伊斯蘭教的薩拉戈薩國王對抗阿拉貢王國的軍隊，第一戰就大展身手，大敗阿拉貢軍隊。

1065年，雷昂國王費南多一世去世，把卡斯提亞-雷昂王國分成三個小王國，長子即位為卡斯提亞王國的桑喬二世國王，次子即位為雷昂王國的阿方索六世國王，幼子即位為加利西亞王國的加西亞二世國王，而大女兒愛維拉成為托羅城主，小女兒烏拉卡成為薩莫拉城主。

桑喬二世一當上國王，就升席德為大將軍，對他信任有加。

費南多一世把國土分成三份，造成三兄弟互相爭戰。勇猛善戰的席德在多次戰役中突顯出他的軍事才能，在1072年最後一場戰役中，阿方索六世遭俘虜，席德因此贏得「常勝勇士」（Campeador）的封號。

阿方索六世戰敗後，桑喬二世理所當然成為卡斯提亞和雷昂的國王，但是，雷昂的貴族不服桑喬二世，跟烏拉卡公主守著薩莫拉城，反對桑喬當雷昂國王，桑喬二世因此在薩莫拉圍城戰役中喪生。

阿方索六世即位成為卡斯提亞和雷昂的國王，後來又接手加利西亞王國，成為卡斯提亞、雷昂和加利西亞的國王，席德也因此成為阿方索六世的愛將，並娶了他的表妹希梅娜，婚後育有三個子女。

1079年，阿方索六世派席德去向塞維亞的摩爾國王收貢稅，另外派歐東涅斯伯爵去跟格拉納達的摩爾國王收貢稅，歐東涅斯伯爵慫恿格拉納達王國攻打塞維亞王國，因此，席德率軍幫助塞維亞國王對抗格拉納達國王，大勝之後把歐東涅斯伯爵囚禁了三天，伯爵回去跟阿方索六世告了席德一狀。

1080年，一群來自托雷多北部的失

控安達魯西亞士兵進到索里亞（Soria）地區，一路洗劫。席德帶著軍隊進行例行的驅除行動，一路追逐到托雷多王國的境內。當時托雷多王國是接受阿方索六世保護的伊斯蘭教盟友，阿方索六世因此正式與席德決裂，把他罷黜放逐。

在那個戰國時代，騎士都是效忠國王或領主。1081年夏天，席德離開阿方索六世的宮廷，率領屬下「周遊列國」，尋找賞識他的君主，最後投效薩拉戈薩伊斯蘭教國王阿爾穆塔第（Al-Muqtadir）的麾下。阿爾穆塔第去世後，席德幫助繼位的阿爾穆塔曼（Al-Mutaman）對抗侵略邊境的阿拉貢王國、巴塞隆納伯爵以及阿爾穆塔曼的弟弟統治的葉以達王國的軍隊，屢戰屢勝，甚至以寡勝多。在多次戰役中，俘虜過巴塞隆納伯爵和不少阿拉貢貴族，而在薩拉戈薩的伊斯蘭教人中贏得sidi（主人）的綽號，後來就成為天主教人口中的El Cid（席德）。

1085年，阿爾穆塔曼國王去世，席德繼續向他兒子阿爾穆斯塔因（Almustaín）效勞。同年，阿方索六世攻占托雷多城，西班牙南部的伊斯蘭教親王向當時在北非勢力強大的穆拉比特人求救，請他們渡海到伊比利半島共同對抗阿方索六世。席德的舊主阿方索六世因為軍情緊急，對席德既往不咎，再度把他請回去當大將

| 1 | 2 | 3 |

1　Vivar del Cid小鎮的席德雕像，攝影：Emilio Cappa Segis，照片提供：席德之路（Imagen cedida por Consorcio Camino del Cid）。

2　布爾哥斯的席德，照片提供：席德之路（Imagen cedida por Consorcio Camino del Cid）。

3　Mecerreyes小鎮的席德雕像，攝影：Emilio Cappa Segis，照片提供：席德之路（Imagen cedida por Consorcio Camino del Cid）。

軍，以對抗穆拉比特人的伊斯蘭教大軍，但並沒有把他派往南部，而是利用他熟悉東部的優勢，派他去防守瓦倫西亞。

1088年，穆拉比特人再度出征，圍阿雷多城堡（castillo de Aledo）。阿方索六世為了解圍，命席德率軍南征，與他的軍隊會軍於阿雷多城堡。然而，席德的軍隊並沒有在約定時間出現。阿方索六世大怒，再度把席德罷黜流放，財產充公。

這個二度流放讓席德成為獨立的將軍，不再為任何君主效勞，而是為個人利益處理伊比利半島東部的征戰問題。

剛開始，他只是控制著具有戰略地位的城堡，向瓦倫西亞王國收貢稅。當他的軍力日益強大，葉以達王國又和巴塞隆納伯爵結盟，攻打席德的軍隊，但是再次戰敗，從此席德稱霸伊比利半島東部。1090年底，席德掌控伊比利半島東部，也因各地的貢稅而成為名副其實的領主。

1092年，阿方索六世又想收回瓦倫西亞王國的控制權，跟阿拉貢國王和巴塞隆納伯爵結盟。席德在眾家軍隊攻擊下，依舊屢戰屢勝，甚至還趁機攻擊拉里奧哈。從此，席德可以說是「伊比利無敵手」，只有穆拉比特人的伊斯蘭教大軍能跟他爭奪瓦倫西亞王國的控制權。

後來，受到席德保護的瓦倫西亞國王被穆拉比特人殺害，席德便率八千忠誠的志願兵圍瓦倫西亞城。1094年，他攻下瓦倫西亞，自封瓦倫西亞王子。此後，他不但有能力抵抗穆拉比特人的伊斯蘭教大軍，還能繼續征服伊比利半島東部的其他地區，是唯一能跟穆拉比特人抗爭的天主教領主，名聲讓伊斯蘭教人聞風喪膽。

據說，他1099年逝世時留下遺囑，叫人為他的遺體穿上盔甲，固定在他的愛馬上，然後開城門讓他的遺體跟著眾騎士出城迎戰。穆拉比特人遠遠看到席德的馬和身著盔甲的遺體，以為大名鼎鼎的席德親自出城迎戰，驚慌之餘倉促退兵。

席德去世後，妻子希梅娜繼位，繼續死守瓦倫西亞兩年，直到1101年，天主教人最後決定棄守瓦倫西亞，放火燒城，攜家帶眷離開，希梅娜也帶著席德的遺體回到故鄉卡斯提亞。

1200年左右，席德的故事寫成《席德頌歌》（席德之歌），是西班牙文學史上第一個用羅曼語（從拉丁語演化而來）敘事的巨作。 ❧

↑　聖米揚的長眠處，照片提供：拉里奧哈旅遊局（Imagen cedida por La Rioja Turismo）。

拉里奧哈
自治區的傳說

聖米揚和他的神蹟（San Millan y sus milagros）

　聖米揚生於473年，出生地不詳，是牧人之子，年輕時也是牧人。後來為了學習修道，他先到阿羅（Haro）附近找畢里畢歐的聖菲力瑟斯隱士（San Felices de Bilibio）學習，三年後到德曼達山脈邊的荒山鑿山石為棲身之處，禁欲苦修40年。他聲名遠播，傳到主教耳裡，主教請他去主持當地教堂。但他只做了三年，就因為把教會財產分給窮人而受到其他神職人士排擠，最後回到山間隱居苦修。

↑　聖米揚修道院，照片提供：拉里奧哈旅遊局（Imagen cedida por La Rioja Turismo）。

據說有一次，當聖米揚經過一處農舍工地，聽到工人抱怨他們準備的屋樑中，有一根比其他的短，不能拿來蓋農舍，要重新砍一棵樹來做屋樑，工程延誤，會晚幾天拿到工資。

聖米揚跟工人們說：「別著急，先去休息，等到吃完飯再來討論要怎樣處理。」

等到工人吃完飯回到工地，聖米揚說：「你們可以把那根有問題的屋樑裝到屋頂上了！」

當工人依照聖米揚的話把屋樑裝到屋頂上，他們發現，那根較短的屋樑竟多了一巴掌的長度，聖米揚的奇蹟過頭，必須鋸掉一點才能讓那根屋樑跟其他的一樣長。

最後工人決定把這根奇蹟屋樑留下來，另外再砍一棵樹來做成屋樑。

現在，這根奇蹟屋樑還在上方的聖米揚修道院（Monasterios de San Millán de Suso，Suso 是「上方」之意），據說有治癒疾病和驅魔的神奇功效，十分靈驗。

據說，加西亞桑切斯三世（García Sánchez III）國王在納赫拉（Nájera）建造皇家聖馬利亞修道院，想把聖米揚的屍骨葬於此，便派人到上方的聖米揚修道院把聖米揚的屍骨搬運下山。走到半路，牛車怎麼拉也拉不動，國王覺得聖米揚應該想葬在那個地方，就下令在那裡修建修道院，叫作下方的聖米揚修道院，算是上方的聖米揚修道院的擴建部分。

在卡爾薩達的聖多明哥，烤過的母雞會叫（Santo Domingo de la Calzada donde cantó la gallina después de asada）

這句話的背後有個很有名的神蹟故事。

多明戈・加西亞（Domingo García）修士在聖雅各伯朝聖之路的路上建造橋樑、醫院和住宿給朝聖者，後來受封為卡爾薩達的聖多明哥（Santo Domingo de la Calzada），他建設的這個地方就以他的名字命名。

有一次，一家德國人前去朝聖，經過卡爾薩達的聖多明哥，在那裡的客棧過夜。客棧的女傭看到陪伴父母去朝聖的年輕人英俊瀟灑，暗自向他示愛，德國年

↑　　主教座堂的烤過的母雞，照片提供：拉里奧哈旅遊局（Imagen cedida por La Rioja Turismo）。

輕人卻對女傭不理不睬，女傭心生惡意，把銀杯藏在年輕人的背包裡，誣賴他是小偷。於是他便因當時的法規，被處以吊刑。

　　行刑後，年輕人的父母悲傷地去收屍，但是年輕人卻張開眼睛，跟父母說，卡爾薩達的聖多明哥知道他是無辜的，所以救了他。

　　年輕人的父母趕緊去見鎮長，報告這件事，正在吃烤母雞的鎮長不相信他們，諷刺地說反話：「對！你們的兒子就跟這隻烤母雞和烤公雞一樣還活得好好的！」

　　想不到，烤母雞和烤公雞竟然從盤中站起來高聲大叫。

　　所以，這句「在卡爾薩達的聖多明哥，烤過的母雞會叫」就因此流傳下來。✍

6-7

阿拉貢自治區的傳說

薩拉戈薩的聖柱聖母（Virgen del Pilar）

聖雅各伯是耶穌的十二門徒之一，據說於西元
40年來到西班牙，從加利西亞、阿斯圖里亞斯到
薩拉戈薩一路傳教，是第一個到此傳天主教的使
徒。

一天晚上，他和門徒在現在薩拉戈薩的埃布羅
河岸邊，突見神光顯現、天使唱著仙樂，聖母馬
利亞站在一根大理石柱上，在他面前顯靈。

這是聖母馬利亞升天前唯一一次顯靈，她跟聖
雅各伯說：「你必須在石柱矗立處建造教堂，把
聖壇安置在這大理石柱旁邊，這個地方將永遠讓
上帝創造奇蹟。」

聖母消失後，石柱依然留在原地，聖雅各伯和
門徒便開始在那裡建造教堂。

聖雅各伯返回耶路撒冷前，替新教堂舉行奉獻
禮，為它取名聖柱聖母馬利亞教堂（Basílica de
Nuestra Señora del Pilar），Pilar就是「柱子」之
意。這座教堂因此成為西班牙第一個供奉聖母馬
利亞的教堂，供奉的聖母就尊稱為聖柱聖母。

↑　薩拉戈薩的聖柱聖母馬利亞教堂，照
片提供：薩拉戈薩旅遊局（Imagen
cedida por Turismo de Zaragoza）。

　　10月12日是聖柱聖母節，是薩拉戈薩最重要的節慶，也是哥倫布發現新大陸的日子，所以聖柱聖母就成為全世界西語系國家的主保聖人，西班牙國慶日和聖柱聖母節還是同一天。

　　Pilar現今也是西班牙女生的名字，她們的「聖人日」理所當然就是10月12日。

特魯埃爾的戀人（Los amantes de Teruel）

　　特魯埃爾城除了有穆德哈爾風格建築群，還有西班牙家喻戶曉的愛情傳說：特魯埃爾戀人。

　　13世紀初，特魯埃爾有一對戀人：伊莎貝爾（Isabel de Segura）和迪耶戈（Diego de Marcilla），他們是青梅竹馬，感情非常好，長大後，迪耶戈請求伊莎貝爾的父親把她嫁給他。

　　但是，伊莎貝爾的父親認為迪耶戈的家世不夠顯赫，故意刁難他，如果他能在五年內發財，就可以娶到伊莎貝爾。

　　為此，迪耶戈離鄉背井，希望能發財返鄉。

　　五年後，他衣錦榮歸，卻發現大家正在慶祝伊莎貝爾的婚禮。他父親把她許配給有權有勢的領主。

　　悲傷欲絕的迪耶戈不願相信這個事實，堅持跟前往婚禮的伊莎貝爾見面，請求她給他最後一吻。伊莎貝爾為了忠於未來的丈夫，拒絕他的請求，迪耶戈因此悲傷地倒地氣絕。

　　隔天，婚禮的鐘聲被葬禮的鐘聲取代。伊莎貝爾哀慟欲絕地出現在迪耶戈的葬禮上，她走近迪耶戈的棺木給他生前未得到的最後一吻。就在他倆雙唇接觸時，伊莎貝爾也倒地身亡。

　　這件事震驚了特魯埃爾人，認為他們是死於愛情，後來雙方家人把兩人合葬在一起。 ✎

↑　特魯埃爾的戀人，照片提供：特魯埃爾省旅遊局（Imagen cedida por Turismo de Diputación Provincial de Teruel）。

6-8

加泰隆尼亞
自治區的傳說

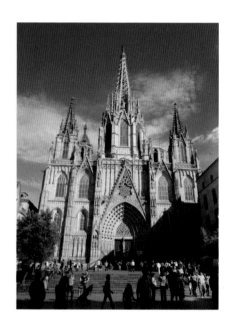

聖艾伍拉莉亞（Santa Eulalia）

西元三世紀，聖艾伍拉莉亞出生在巴塞隆納，從小接受基督思想，是個牧鵝姑娘，因為不肯改信宗教，被處以13件酷刑，最後釘死在十字架上。

後來，聖艾伍拉莉亞被奉為巴塞隆納城的第一個主保聖人。她的聖骨發現於沙上聖母馬利亞教堂（即今海上聖母馬利亞教堂）。1339年，信徒恭迎她的聖骨至巴塞隆納的主教座堂，走到一處廣場時，聖骨突然變得沉重無比，迎送隊伍因此停了下來，大家驚訝地發現，聖女的聖骨少了一根腳趾頭。此時，一位天使從天而降，一言不發地手指著迎送隊伍中的一人，這人不得已，只好在眾目睽睽下把藏在口袋裡的聖骨還回去。聖女的聖骨又恢復它原有的重量，眾人因此能順利恭迎聖骨到主教座堂。

從此，這個廣場就稱為天使廣場。

聖艾伍拉莉亞則安置在巴塞隆納主教座堂的聖壇之下，主教座堂也以她的名字命名，稱為聖艾伍拉莉亞主教座堂。

1687年，巴塞隆納慘遭蝗害，大家向聖艾伍拉莉亞禱告無效，絕望之餘轉而求助聖梅爾塞。後來，巴塞隆納城有驚無險地度過難關，市議會就把聖梅爾塞封為城市的主保聖人之一，大家因此開始慶祝這個節慶。今天，它已成為城裡一年一度最大的傳統節慶了。

相傳，每年9月24日慶祝聖梅爾塞節時，巴塞隆納都會下點綿綿細雨，這是因為第一個主保聖人聖艾伍拉莉亞認為大家忘了她，暗自傷心哭泣。

聖喬治（Sant Jordi）

巴塞隆納南邊的蒙布藍克（Montblanc）村莊附近有隻會噴火的惡龍，到處獵食人畜，燒毀農作物。人民為防止它繼續危害人畜莊稼，便和惡龍達成協議，每天獻食物給惡龍，它就不必到處獵食，騷擾村民。可是，等到村裡的牲畜都被惡龍吃光，大家只能每天獻上一個村民，用抽籤決定生死。

有一天，公主不幸抽到籤，將成為惡龍的大餐。聖喬治適時出現，在一場驚心動魄的廝殺中，聖喬治殺了惡龍，救了公主，還採了由龍血變成的紅玫瑰送給公主，最後娶公主為妻。

聖喬治因此成為加泰隆尼亞地區的主保聖人！✍

| 1 | 2 |
| | 3 |

1　巴塞隆納的主教座堂。

2　聖艾伍拉莉亞的聖骨在巴塞隆納主教座堂的聖壇地下室。

3　加泰隆尼亞自治區政府大樓立面的聖喬治雕像。

↑ 市政府放的牌子（左）和西班牙牙仙（右），照片提供：牙仙博物館（Imágenes cedidas por Casa Museo Ratón Pérez）。

6-9

馬德里的傳說

西班牙牙仙（Ratoncito Pérez／Ratón Pérez）

＊博物館網址：http://www.casamuseoratonperez.es/

　　在西班牙，牙仙不是西方國家長著翅膀、拿著仙女棒或是牙刷的精靈，而是穿著帆布鞋、戴著草帽和金邊眼鏡、斜背紅包包的小老鼠，叫作Ratoncito Pérez（亦稱為Ratón Pérez），Ratoncito在西班牙文裡就是「小老鼠」的意思，Ratón是老鼠的意思，Pérez則是西班牙常見的姓氏。

　　現任西班牙國王的曾祖父是個遺腹子，1886年一出生就封為阿方索十三世。小國王開始換牙時，皇太后為了讓他在乳牙掉下來時不受到驚嚇，請耶穌會的神父戈羅馬（Luis Coloma）寫篇童話故事來安慰小國王，西班牙牙仙 Ratoncito Pérez 因而誕生。戈羅馬神父因此為西班牙兒童創造出跟聖誕老人和東方三王一樣重要的人物。

　　根據這個童話故事，Ratoncito Pérez 和家人住在馬德里Arenal街八號，一家糕餅店倉庫的餅乾盒子裡，離小國王阿方索十三世住的皇宮才一兩百公尺遠。這隻小老鼠經常逃家，從城裡的下水道進入小國王和其他小孩的房間尋寶，而小朋友的乳牙就是小老鼠的寶藏。當小老鼠把放在枕頭下的乳牙拿走，就會留

↑ 牙仙博物館，照片提供：牙仙博物館（Imagen cedida por Casa Museo Ratón Pérez）。

↑　　牙仙博物館，照片提供：牙仙博物館（Imagen cedida por Casa Museo Ratón Pérez）。

下一個禮物答謝小朋友。

　　於是從上世紀以來，每個西班牙小朋友換牙時，都會在睡前把掉下的乳牙放在枕頭底下，讓牙仙拿禮物來換乳牙，讓小朋友知道恆齒會長出來，他將長大。

　　2003年，馬德里市政府在Arenal街八號外牆掛上一個牌子，讓大家知道，牙仙以前住在這裡。現在，這裡還有個牙仙博物館（Casa Museo Ratón Pérez），就位於童話故事書所說的地址，Arenal街8號（C/Arenal nº8, 1ª planta, 28013, Madrid），是西班牙小朋友最有興趣的景點！

馬德里人的綽號：貓咪（gato）

　　九世紀時，穆罕默德一世在現今馬德里建造高大城牆圍起來的堡壘，名為馬黑利特（Magerit），內有城塞，還有一座叫作 "Almudaina" 的清真寺。堡壘有三個城門和高大的城塔，易守難攻。

　　1085年5月，天主教的阿方索六世國王率兵圍馬黑利特城，但對高大的城牆無計可施。正在擔心的時候，一名身手矯健的年輕士兵竟手持短刀，像隻貓般地爬上高不可攀、堅不可摧的城牆。等到他爬上城塔，他把背上一綑繩子的一頭綁

↑　馬德里的希栢利女神噴泉，照片提供：馬德里市政府旅遊局（Imagen cedida por Madrid Destino Cultura Turismo y Negocio, S.A.）。

好，另一頭丟下城牆，讓阿方索六世的士兵一個個爬上城牆，再把伊斯蘭教人的軍旗換成天主教人的軍旗。就這樣，天主教軍隊攻下了馬黑利特堡壘。

據說，當年那個大功臣的名字已佚失，但是他後來改姓為Gato（貓），他的後代在家徽上畫有攀城牆的貓。後來，馬黑利特堡壘（Magerit）改名為馬德里（Madrid），Almudaina清真寺成為聖母馬利亞教堂（Virgen de la Almudena），貓咪則成為「勇敢」的代名詞，而出生在馬德里的人就稱為「貓咪」。

↑　馬德里的太陽門廣場，照片提供：馬德里市政府旅遊局（Imagen cedida por Madrid Destino Cultura Turismo y Negocio, S.A.）。

母熊和楊梅（El Oso y el Madroño）

馬德里的市徽上有七顆星星、一個皇冠、一隻熊和一棵樹。而在馬德里市中心的太陽門廣場邊，則立有一隻熊用掌頂著一棵樹的高大雕像。

七顆鑲嵌在藍帶上的星星代表大熊星座，皇冠是在1544年加上去的。而熊還分性別，馬德里市徽上的是母熊（Osa），樹也分種類，市徽上的是楊梅（Madroño）。

據說，阿方索十世在馬德里附近獵殺過一隻大熊。後來，馬德里市徽上的大熊被認為是母熊，因為雌性動物代表生育和豐收。

但其實馬德里的市徽上本來是一隻大熊和一座高塔，後來由楊梅取代高塔，因為在中世紀時，馬德里城外有很多楊梅樹。13世紀時，馬德里城和教會因為城外的土地產權而起紛爭，後來雙方達成協議，有樹的土地屬於馬德里城，有牧草的土地則屬於教會。因此，馬德里人就決定把楊梅樹放進市徽裡，還把熊設計成吃樹葉的姿勢，因為當時的人認為這些樹葉可以治癒瘟疫。

左　馬德里太陽門廣場上的母熊和楊梅，照片提供：馬德里市政府旅遊局（Imagen cedida por Madrid Destino Cultura Turismo y Negocio, S.A.）。

右　馬德里太陽門廣場上的西班牙公路原點，照片提供：馬德里市政府旅遊局（Imagen cedida por Madrid Destino Cultura Turismo y Negocio, S.A.）。

6-10

卡斯提亞-拉曼恰自治區的傳說

托雷多的比薩格拉門（Puerta de Bisagra）

有一次黑死病經過托雷多的比薩格拉城門，想要進城，但被守城的天使擋住。黑死病跟天使說：「上主允許我殺七個人。」天使遂讓黑死病進城。

但是，那次的黑死病卻造成七千人死亡！

黑死病離城時，天使質問他：「為何毀約，殺了七千人。」

黑死病回答：「我只殺了七個人，其他人是因恐懼而亡！」

現在托雷多的比薩格拉城門上，還可以看到那個持劍守城的天使。

↑　托雷多的比薩格拉門，照片提供：西班牙旅遊局（©Instituto de Turismo de España-TURESPAÑA）。

聖女卡西爾達（Casilda）

　　在托雷多最高處的巨岩上有個具戰略地位的城堡：托雷多城堡（Alcázar de Toledo）。

　　托雷多城堡最早是羅馬宮殿，後來歷代均有建設。在摩爾人統治伊比利半島的時期，它是伊斯蘭教的軍事堡壘。

　　11世紀時，托雷多王國的伊斯蘭教國王阿爾馬曼（Al-Mamún）和女兒卡西爾達住在托雷多城堡。

　　卡西爾達的心腸很軟，很憐憫那些被他父親囚禁在城堡地牢裡的天主教徒，常常帶著食物和清水甚至藥物去探望他們，還幫他們包紮傷口。

　　這件事傳到她父親的耳裡，他非常不高興，馬上吩咐手下，只要公主去地牢，就要馬上通知他。有一天，她又把乾糧藏進圍裙，打算偷偷帶去探望被囚的天主教徒，但是侍從跟她父親通風報信，公主在半路遇到國王。

　　國王問她，手上拿著什麼，公主臨急應變地撒謊說她拿著玫瑰，國王要求女兒把藏住的東西拿出來，結果出乎卡西爾達的意料，乾糧竟變成了玫瑰！

　　這件事之後，卡西爾達就無緣由地病倒，越來越嚴重，所有御醫束手無策。他們說，除非喝下布里比耶斯卡鎮（Briviesca）附近具神奇療效的泉水，否則公主應該沒救了。

↑　　托雷多城堡和托雷多城，照片提供：西班牙旅遊局（©Instituto de Turismo de España-TURESPAÑA）。

為了愛女的性命，阿爾馬曼國王不得已只好把公主送到天主教人統治的地區。當公主抵達布里比耶斯卡鎮時，受到當地人熱情歡迎，經過泉水的神奇治療，很快就痊癒。最後，卡西爾達決定改信天主教，留在天主教人統治的地區。相傳她自己搭建一座山間小教堂，致力於祈禱，在那裡終老一生。

白色聖母（Virgen Blanca）

托雷多主教座堂建於1226年，竣工於1493年，是雄偉的哥德式教堂。在主教座堂的聖歌隊席裡，有一尊白色聖母。

1569年，貴族之女貝雅特蕾斯（Beatriz de las Roelas）和年輕的貴族騎士聖地牙哥（Don Santiago Galán）在白色聖母前完成婚禮。婚後沒多久，貝雅特蕾斯就懷孕了，但是她的老公卻要被派到前線跟摩爾人作戰。

為了保佑老公能平安回來，貝雅特蕾斯向白色聖母許願，她會天天到主教座堂向聖母禱告，直到老公平安回家為止。

就這樣，貝雅特蕾斯天天到白色聖母跟前祈禱，生下兒子也還是天天帶著兒子到主教座堂向聖母禱告。這樣日復一日，卻完全沒有老公的消息。

當她的家人都已放棄希望，她還是天天到主教座堂跟聖母祈禱，請求聖母讓她知道老公還活著。托雷多居民都認為她老公早已戰死沙場，她卻祈禱得更勤，天天去主教座堂跟聖母祈禱，還一天去好幾次。

聖地牙哥離開托雷多一年半後，9月8日白色聖母節那天，貝雅特蕾斯帶著兒子到主教座堂。當彌撒舉行到一半，大家發現貝雅特蕾斯的臉上映著來自白色聖母的光輝，更讓人不敢相信的是，白色聖母正歪著頭在笑。

正當眾人竊竊私語「白色聖母在笑」時，瘦得不成形、一臉大鬍子的聖地牙哥跌跌撞撞地走進教堂⋯⋯

兩夫妻在白色聖母跟前相擁，聖地牙哥也在白色聖母跟前第一次看到兒子。

昆卡的惡魔十字（La Cruz del Diablo）

昆卡有位善騎射的美少年狄耶戈（Diego），出身名門望族，是城裡少女心儀的對象。但是他風流的個性讓他無法只鍾情於一名女子，始亂終棄的作風令家人蒙羞。

有一天，從外地來了一位美女，有個非天主教的名字：黛安娜（Diana）。黛安娜貌美又神祕，引起狄耶戈的注意和追求。在他攻城掠地的追求後，黛安娜終於回應狄耶戈。

諸聖節前夕，黛安娜派人送信給狄耶戈，說想和他單獨約會，獻身給他，請他當天晚上到悲傷聖母山間小教堂（Ermita de Nuestra Señora de las Angustias）見她。

那天晚上雷雨交加，狄耶戈還是赴約。當他抵達小教堂，看到黛安娜打扮得華麗亮眼，忍不住一親芳澤。

正當兩情相悅、打得正火熱時，黛安娜掀起她的裙子，狄耶戈趕緊去解她的衣帶。突然間，在閃電的亮光下，狄耶戈看到露在裙外的不是美腿，而是獸蹄，驚訝之餘，一抬頭，看到的不是佳人美顏，而是魔鬼猙獰的臉孔。

狄耶戈驚嚇之餘，拔腿就跑，魔鬼一邊大笑一邊狂追。當他抵達小教堂門口，馬上撲向豎立在小教堂前的十字架，希望上主拯救他。

就在狄耶戈抱住十字架的同時，惡魔的爪子剛好擦過他的肩頭，在十字架上留下一個爪印。

據說，狄耶戈在這件事後進了修道院，而惡魔的爪印至今仍留在小教堂的十字架上。✎

↑　昆卡的惡魔十字，照片提供：昆卡旅遊局（Imagen cedida por Fundación Turismo de Cuenca）。

←　托雷多主教座堂，照片提供：西班牙旅遊局（©Instituto de Turismo de España-TURESPAÑA）。

6-11

瓦倫西亞的傳說

↑　　瓦倫西亞的市徽。

蝙蝠（El murciélago de Valencia）

　　蝙蝠在瓦倫西亞有很重要的地位。瓦倫西亞的市徽上有隻張大翅膀的蝙蝠，連瓦倫西亞足球俱樂部的吉祥動物都是蝙蝠。

　　相傳伊斯蘭教人占領瓦倫西亞城時，他們馴化蝙蝠來預防瓦倫西亞附近沼澤的蚊蟲。因此有預言說，只要蝙蝠在瓦倫西亞城的夜空飛翔，瓦倫西亞就是伊斯蘭教人的天下。

　　13世紀時，綽號「征服者」的阿拉貢國王交馬一世與伊斯蘭教人爭奪瓦倫西亞的控制權，紮營在城外。一天晚上，國王的帳篷出現奇怪的聲音，驚醒了國王和侍衛，也讓他們發現敵人趁黑夜突襲，能即時抵擋，免去全軍覆滅的危險。

　　等到伊斯蘭教突擊隊退兵之後，大家發現，國王帳篷裡的怪聲是一隻飛進帳篷的蝙蝠造成的，因此為了感謝蝙蝠，阿拉貢國王交馬一世攻下瓦倫西亞後，便把張大翅膀的蝙蝠放在瓦倫西亞的市徽上面。✍

6-12

安達魯西亞自治區的傳說

格拉納達

✤ 阿蘭布拉宮（Alhambra）

根據歷史記載，阿蘭布拉宮是白色
的，但是阿蘭布拉宮的意思卻是「紅
色城堡」（al-Qal'a al-hamra）。有人
說是因為當年趕工建造阿蘭布拉宮，
白天在太陽下閃耀的斧頭是一片紅色
的；也有人說，從遠處觀看夜間點火
施工的阿蘭布拉宮就是一片火紅。

✤ 阿蘭布拉宮的正義之門
（Puerta de la Justicia）

正義之門是阿蘭布拉宮的四道外門
之一。在正義之門的一進門的門楣
上，有一隻張開的手臂，在二進門的
門楣上，有一支鑰匙。

當年阿蘭布拉宮以堅固馳名，伊斯
蘭教人曾驕傲地說，就算是成千上萬
軍隊也無法攻克阿蘭布拉宮，除非是
手掌觸及鑰匙，那一天將是世界末

↑　阿蘭布拉宮，照片提供：安達魯西亞旅遊局
　（Imagen cedida por Turismo de Andalucía）。

日，而阿蘭布拉宮也將成為一片廢
墟。

也有傳言說，如果有騎士能騎在馬
上、伸臂用長矛觸到二進門楣上的手
掌，將成為阿蘭布拉宮的主人。

伊莎貝爾・德・索麗絲（Isabel de Solis）

　　伊莎貝爾是15世紀末的人物，她的母親早逝，父親是天主教騎士兼城主桑丘・希梅內斯・德・索麗絲（Sancho Jimenez de Solis），她曾與年輕貴族有婚約。17歲那年，她出城堡時在戰亂中遭摩爾人俘虜，幾經波折後抵達阿蘭布拉宮，被當成女奴獻給蘇丹阿布・哈珊（Abū ul-Hasan，西班牙人稱他Muley Hacen）。美豔絕倫的伊莎貝爾讓蘇丹一見鍾情，她為了入後宮改信伊斯蘭教，改名娑萊妲（Zoraida），成為蘇丹的寵妃，替蘇丹生了兩個兒子。

　　阿布・哈珊的皇后是艾霞（Aisha al-Hurra），替他生了三個兒子，長子波阿迪爾（Boabdil）是王位繼承人，阿布・哈珊對娑萊妲的寵愛以及她生了兩個小皇子，讓艾霞備感威脅。娑萊妲和艾霞之間的宮廷鬥爭逐漸轉變成權力鬥爭，艾霞一派散布謠言說娑萊妲不是虔誠的穆斯林，還說阿布・哈珊不是明君。娑萊妲一派進讒蘇丹，讓阿布・哈珊認為艾霞勾結阿貝賽拉黑家族要擁波阿迪爾為王。

　　蘇丹盛怒下將艾霞和波阿迪爾囚禁塔樓中，但是波阿迪爾在阿貝賽拉黑家族的幫助下逃走，召集人馬在瓜迪斯（Guadix）叛變，開始格拉納達王國的內戰，也開啟了一段動盪時期。波阿迪爾、艾霞及阿貝賽拉黑家族聯合陣營，對抗父親阿布・哈珊及叔父（蘇丹的弟弟）。波阿迪爾在貝賽拉黑家族支持下，成功篡位，在1482年稱王。隔年波阿迪爾被天主教雙王俘虜，父親阿布・哈珊在叔父支持下，趁機奪回王位。天主教雙王為了加深納斯里王朝的內部衝突，以波阿迪爾換取附庸條約，分化摩爾人，格拉納達王國從一個蘇丹變成兩個君主，波阿迪爾和阿布・哈珊都自封為王。

　　1485年，阿布・哈珊自覺年老力衰，決定退位，讓位給弟弟穆罕默德十三世（西班牙人稱他為「勇者」El Zagal）。政治局勢依然不穩定，天主教雙王先打敗穆罕默德十三世，對抗天主教的摩爾人勢力只剩下波阿迪爾。1492年，格拉納達向天主教雙王投降，波阿迪爾成為摩爾人在西班牙的末代國王。娑萊妲在格拉納達內戰期間跟著阿布・哈珊流亡，後來阿布・哈珊去世後，穆罕默德十三世繼位，還曾想納她入後宮，被娑萊妲拒絕。天主教人收復失土之後，天主教雙王對娑萊妲非常友善，她的兩個兒子受洗為天主教徒，另取天主教名字，並與天主教

貴族結婚，她也再恢復天主教信仰和她的本名伊莎貝爾。天主教雙王還按月支付贍養費給她，讓她安度餘生。

天主教人最終能戰勝穆斯林，不是因為天主教徒能征善戰，而是格拉納達王國的內部鬥爭，而這個內亂和分歧的根源，又從後宮開始。所以，當時有摩爾人指責娑萊妲欺騙深愛她的蘇丹阿布．哈珊，沒有放棄天主教信仰，並將宮鬥引進納斯里皇朝的後宮。或許，這只是巧合的悲劇，也或許娑萊妲確實愛上蘇丹，並為了他們的孩子而與艾霞爭鬥。現在我們已無法得知當年事件的真相，不過，我們現在在阿蘭布拉宮的城牆上還可以看到叫作女俘虜的塔樓（Torre de la Cautiva），據說就是當年伊莎貝爾剛抵達格拉納達時被囚禁的地方。

摩爾人的嘆息（Suspiro del Moro）

在格拉納達附近有個地方叫作「摩爾人的嘆息」。

1492年，天主教雙王打敗格拉納達的末代國王穆罕默德十二世（西班牙人稱他為波阿迪爾），把格拉納達城外「雪山」（Sierra Nevada）上的一個小鎮當成他和摩爾人居住之地。末代國王便帶著家人和百姓離開格拉納達，前往雪山。走到一個小山丘時，他回頭看阿蘭布拉宮最後一眼，開始哭泣，他的母親（皇太后）生氣地說："Llora como una mujer lo que no has sabido defender como un hombre."（你無法像男人一樣捍衛你的國土，卻為你失去的一切哭得像女人一樣）。從此，那個地方就稱為「摩爾人的嘆息」，皇太后那句話也因此流傳千古。

塞維亞主教座堂的「大蜥蜴」（El lagarto de la Catedral de Sevilla）

塞維亞主教座堂的橘子庭園旁有個殿廳，稱為「蜥蜴殿」（Nave del Lagarto），裡面有隻掛在屋頂上的鱷魚標本。

1260年，埃及蘇丹送禮物給阿方索十世當作向公主求婚的聘禮，但是阿方索十世以更多禮物回絕了埃及蘇丹的求婚，卻收下了一隻象牙、一直活鱷魚，還有一隻馴服、可以騎乘的長頸鹿以及長頸鹿的彎頭和騎具。後來，鱷魚死後做成標本，掛在主教座堂裡。16世紀後，標本損壞，鱷魚標本便被木雕鱷魚取代。

放置鱷魚標本的地方稱為「蜥蜴殿」，是因為以前的人沒看過鱷魚，不知道該如何稱呼這種動物，就把鱷魚稱為「大蜥蜴」。

↑　塞維亞主教座堂的大蜥蜴，攝影：楊婉鈴。

哥倫布安葬之地（Tumba de Cristóbal Colón）

我們無法正確知道哥倫布的出生地，但可以確定哥倫布的確葬在塞維亞的主教座堂。

1506年，哥倫布在巴亞多利德（Valladolid）去世，葬在當地的修道院。1509年，他兒子把他的遺體轉葬在塞維亞的一處修道院。30年後，他的兒媳婦把他和他兒子的遺體帶到伊斯帕尼奧拉島（La Española），安葬在聖多明哥的主教座堂，實現了他希望葬在新大陸的願望。

1795年，伊斯帕尼奧拉島被法國接管，西班牙政府遂把哥倫布的遺體移至古巴哈瓦那。1898年，哈瓦那被美國接管，西班牙政府便把哥倫布的遺體移至塞維亞的主教座堂。

1877年，聖多明哥的主教座堂整修時，工人挖掘出一個鉛盒，裡面有一堆人骨，上面寫著哥倫布的名字。於是根據聖多明哥的官方說法，哥倫布的遺體還留在伊斯帕尼奧拉島，但是根據西班牙政府的官方說法，哥倫布的遺體已移葬至塞維亞。

最後，科學家拿哥倫布弟弟的遺體來做DNA測試，在2006年證實埋葬在塞維亞主教座堂的人跟哥倫布的弟弟是同母兄弟。因此，哥倫布的遺體確實埋葬在塞維亞的主教座堂。

現在，在塞維亞的主教座堂可以

↑　　塞維亞主教座堂的哥倫布長眠所，攝影：楊婉鈴。

看到巨大的哥倫布棺木，由四個盛裝的國王抬著，代表西班牙歷史上的四個王國（卡斯提亞、雷昂、阿拉貢和納瓦拉）的君主將葬在海外的哥倫布遺體迎接回西班牙。

塞維亞市徽上的 NO8DO

　　1275年，阿方索十世的長子費南多去世，留下兩名幼子，卡斯提亞國王的王位繼承權因此有了變數。

　　根據卡斯提亞國王的習慣法，阿方索十世的次子桑邱（Sancho）有權繼承王位，但是依據新的法律，費南多的長子有權繼承王位。

↑　塞維亞市徽，圖片提供：塞維亞市政府
（Imagen cedida por Ayuntamiento de
Sevilla）。

阿方索十世原本支持次子為王位繼承人，後來決定把卡斯提亞王國分成兩部分，讓桑邱當卡斯提亞國王，讓費南多的長子當雷昂國王。但是，桑邱和許多貴族不滿，發動叛變，內戰因此爆發。桑邱的軍隊連連告捷，越來越多貴族加入桑邱的行列，而塞維亞人民卻在國王眾叛親離下依然忠於阿方索十世。最後，阿方索十世退守塞維亞，直到1284年去世為止。

為了感謝塞維亞人民的忠誠，阿方索十世賜給塞維亞市徽類似象形文字的圖騰NO8DO，以一卷線團分開NO和DO這兩個字。線團的西班牙文是madeja，這個圖騰念起來是NO madeja DO的音，跟NO ME HA DEJADO諧音，就是「不離棄我」的意思，代表阿方索十世感謝塞維亞人民對他不離不棄。

現在在塞維亞的很多角落都可看到NO8DO這個圖騰，連路燈上、下水道的蓋子都以此圖代替城市名稱。

大隊長的帳單（Cuentas del Gran Capitán）

貢薩羅（Gonzalo Fernández de Córdoba）出生於哥爾多巴省，因為參與收復失土的戰役而受到重視。後來在天主教人和伊斯蘭教人的最後一戰時，被派任與伊斯蘭教人談判格拉納達的投降條件。

因為他優異的軍事表現，1495年被派往拿波里（當時屬於西班牙）對抗占領當地的法國軍隊。歷經幾場以寡敵眾的戰役，他把法軍逐出拿波里，從此稱為大隊長（El Gran Capitán），並受封為聖天使公爵（Duque de Santángelo）。

1500年，他又被派去跟法國談判拿波里的統治權。結果談判破裂，法西衝突再起。他再度以寡敵眾，迫使法國全面從拿波里退兵，從此以拿波里總都的名義統治此地。

↑　哥爾多巴的大隊長雕像，照片提供：哥爾多巴省旅遊局（Imagen cedida por Patronato Provincial de Turismo de Córdoba）。

相傳天主教國王費南多二世曾問他：「為什麼和法國打仗要花王室這麼多錢？」

他給了國王一份帳單：

買鶴嘴鋤、鐵鍬和鋤頭來埋葬敵人的屍體，一億金幣。請修士和修女為喪生的西班牙士兵祈禱，15萬金幣。用熏香的手套讓士兵聞不到敵人的屍臭，十萬金幣。敲太多次勝利鐘響而更換損壞的鐘，16萬金幣。最後，送一個王國給國王，卻讓國王為這些瑣事耐心地跟我要帳單，一億金幣。

他能這樣回答國王是因為他是當時最有威望、掌有軍權的人。他賦予步兵重要角色，訓練出一批優秀的西班牙軍隊。法國軍隊在拿波里戰後甚至驚嚇地說：「我們不是和人打戰，而是跟魔鬼打。」

現在哥爾多巴有條街叫作大隊長大道（Avenida del Gran Capitán），還有大隊長雕像。整座雕像是銅雕，頭部卻是大理石雕，引起不少猜測，還有人說製作銅像時，不知道大隊長的長相，所以是以當時一鬥牛士的頭像來代替，不過這只是坊間猜測，不是官方說法。 ∽

6-13

加那利群島的傳說

卡拉與何奈伊的傳說（Leyenda Gara y Jonay）

　　戈梅拉島（La Gomera）是加那利群島中的一座島嶼。根據島上傳說，那裡有七個神祕山泉，可以預測愛情的未來：如果山泉清澈見底，愛情會完滿收場；如果山泉洶湧混濁，情侶最後會分手。

　　相傳在某年的節慶前，卡拉公主和一群年輕人到神祕山泉，公主俯身去看山泉，發現剛開始泉水清澈見底，後來變成洶湧混濁。一個老者跟她說，該發生的事一定會發生，記得不要太靠近火，不然火會把妳吞噬。

　　從特內里費島來了幾個貴賓參加節慶，其中一位貴族和兒子何奈伊一起來。當卡拉公主看到何奈伊，兩人一見鍾情，節慶還沒有結束，兩人就已公開訂婚的消息。

　　但是，這個好消息還沒有傳出去，特伊德（Teide）火山就爆發了。從戈梅拉島可以看到火山爆發的可怕景象，眾人認為卡拉生於水之鄉，何奈伊來自火之島，他們的愛情是不可能的事，堅持他們一定要分手。

　　就在兩人的父母要求他們分開之際，特伊德火山漸漸平息。節慶結束後，何奈伊跟著特內里費島的貴賓返回家鄉，後來又偷偷游泳回戈梅拉島，找到心愛的卡拉公主，兩人攜手逃往山裡。

　　當卡拉公主的父親發現女兒逃跑，憤怒地帶人追擊。後來在戈梅拉島的最高山發現這對小戀人，何奈伊和卡拉已來不及逃走，他們寧願死在一起也不願意活著分開，便把一根木頭的兩頭削尖，一人的胸口頂著削尖的一端，讓木頭把他倆串在一起，相擁而亡。

　　戈梅拉島上的這座山後來取名為卡拉何奈伊（Garajonay），就是為了紀念他們。現在這座山屬於卡拉何奈伊國家公園（Parque Nacional Garajonay）。

加羅耶的傳說（Leyenda de Garoé）

　　伊耶羅島（El Hierro）也是加那利群島的一座小島。這個小島以前唯一的水源來自於一棵叫作加羅耶的大樹，這棵樹能利用它寬大的葉子，把雲霧水氣凝結成水滴，當地土著就利用這棵樹提供的用水生活，因此把它當成神來崇拜，對它倍加照顧。

　　當西班牙人征服加那利群島，一群人在伊耶羅島登陸，島上的土著知道在人數和兵器方面都比不上西班牙人，便儲存了可以供應好幾個星期的水，把這顆加羅耶大樹遮蔽起來，不讓西班牙人知道它的供水功用。他們認為，如果西班牙人在島上找不到飲水，就會知難而退了。

↑　　伊耶羅島的島徽。

　　想不到，島上一年輕女孩愛上其中一個西班牙人，跟他提到這棵供水的加羅耶樹，西班牙人因此解決飲水問題，最終統治了伊耶羅島。

　　現在，伊耶羅島的島徽上有棵巨大的加羅耶樹，樹梢上有一朵雲，就是在解釋古早的土著是如何取得食用水。🐚

←　　加拉霍奈國家公園，照片提供：戈梅拉島旅遊局（Imagen cedida por Turismo de La Gomera）。

西班牙各地官方旅遊局官網

各地旅遊局官網有最新最正確的資料，可供讀者安排行程前查詢各項相關資料。

＊西班牙國家旅遊局（Instituto de Turismo de España-TURESPAÑA）：http://www.spain.info/
＊安達魯西亞自治區（Andalucía）旅遊局：http://www.andalucia.org/
＊阿拉貢自治區（Aragón）旅遊局：http://www.turismodearagon.com
＊阿斯圖里亞斯自治區（Principado de Asturias）旅遊局：http://www.turismoasturias.es/
＊巴利阿里群島自治區（Islas Baleares）旅遊局：http://www.illesbalears.es/
＊加那利群島自治區（Canarias）旅遊局：https://www.holaislascanarias.com/
＊坎塔布里亞自治區（Cantabria）旅遊局：https://turismodecantabria.com
＊卡斯提亞-拉曼查自治區（Castilla-La Mancha）旅遊局：http://www.turismocastillalamancha.es/
＊卡斯提亞-雷昂自治區（Castilla y León）旅遊局：http://www.turismocastillayleon.com/
＊加泰隆尼亞自治區（Cataluña）旅遊局：http://www.catalunya.com/
＊瓦倫西亞自治區（Comunidad Valenciana）旅遊局：http://comunitatvalenciana.com/
＊埃斯特雷馬杜拉自治區（Extremadura）旅遊局：http://turismoextremadura.com/
＊加利西亞自治區（Galicia）旅遊局：https://www.turismo.gal/
＊拉里歐哈自治區（La Rioja）旅遊局：http://www.lariojaturismo.com
＊馬德里自治區（Comunidad de Madrid）旅遊局：http://turismomadrid.es/
＊穆爾西亞自治區（Región de Murcia）旅遊局：https://www.turismoregiondemurcia.es/
＊納瓦拉自治區（Comunidad Foral de Navarra）旅遊局：https://www.visitnavarra.es/
＊巴斯克自治區（País Vasco）旅遊局：https://turismo.euskadi.eus/

圖片版權出處

圖片提供與授權使用的單位與個人，以及協助聯絡者，謹此致謝。

＊西班牙旅遊局（Instituto de Turismo de España-TURESPAÑA）：p.50, 52, 94, 107, 125, 149, 304, 305, 306
＊安達魯西亞自治區旅遊局（Turismo de Andalucía, Empresa Pública Para la Gestión del Turismo y del Deporte de Andalucía）：p.78, 80, 86, 96, 100, 127, 176, 247, 248, 249, 256, 309
＊阿拉貢自治區旅遊局（Turismo de Aragón）：p.245
＊阿斯圖里亞斯自治區旅遊局（Turismo Asturias, Sociedad Pública de Gestión y Promoción Turística y Cultural del Principado de Asturias）：p.49, 120, 180, 233, 234, 276, 277
＊巴利阿里群島自治區旅遊局（Agència de Turisme de les Illes Balears, Govern de les Illes Balears, Conselleria de Turisme i Esports）：p.70, 110, 146, 147, 183, 232
＊加那利群島自治區旅遊局（Turismo de Canarias, Promotur Turismo Canarias）：p.48, 80, 101, 116, 184, 188, 189, 191, 192, 258
＊坎塔布里亞自治區旅遊局（La Sociedad Regional Cántabra de Promoción Turística S.A.,

版權聲明

上述機構和攝影師等提供的圖片僅供本書介紹之用，版權仍屬原作者所有，特此聲明。